Die Deutschprofis A1

Lehrerhandbuch

von Tünde Sárvári

auf der Basis von
„Das neue Deutschmobil 1“ von
Jutta Douvitsas-Gamst und
Sigrid Xanthos-Kretzschmer

Ernst Klett Sprachen
Stuttgart

Abkürzungen im Lehrerhandbuch

KB Kursbuch
ÜB Übungsbuch
S Schülerinnen und Schüler

Wir haben uns entschieden, im Lehrerhandbuch durchgehend die maskuline Form zu verwenden. Um den Text leicht verständlich zu halten, sind mit der Abkürzung „der S" immer die Schülerinnen und Schüler gemeint.

1 Verweis auf die Kopiervorlagen im Anhang
L3 Verweis auf die Satzmodelle im Anhang

Autorin Tünde Sárvári
Projektleitung Enikő Rabl
Redaktion Katharina Theml, Büro Z, Wiesbaden
Gestaltungskonzeption Claudia Stumpfe
Satz Regina Krawatzki, Stuttgart
Illustrationen Zoltán Jécsai, Budapest (S. 97, 98, 99, 111); Vera Brüggemann, Bielefeld (S. 88, 89, 92, 105)
Umschlaggestaltung Sabine Kaufmann
Reproduktionen Meyle + Müller, Medien-Management, Pforzheim

1. Auflage 1 6 5 4 | 2021 20 19

Druck und Bindung Elanders GmbH, Waiblingen

ISBN: 978-3-12-676473-5

9 783126 764735

INHALT

Zur Konzeption

Das Kinderlehrwerk *Die Deutschprofis* ist vom bewährten und erfolgreichen Lehrwerk *Das neue Deutschmobil* inspiriert. Das Material wurde nach unterrichtspraktischen Erfahrungen und im Hinblick auf aktuelle methodisch-didaktische Aspekte neu bearbeitet, wobei bewährte und beliebte Elemente beibehalten wurden. Der neue Titel bezieht sich auf eine kleine Kinderclique, die die Lernenden durch das Lehrwerk begleitet und so Identifikation und Motivation ermöglicht. Nach und nach werden die Lernenden selbst zu kleinen Deutschprofis.

Bände und Niveaustufen

Das Lehrwerk orientiert sich an den Niveaustufen des „Gemeinsamen europäischen Referenzrahmens". Dabei sind die erforderlichen Lerninhalte sowie ihre Darbietung den spezifischen Besonderheiten im Lernprozess von Kindern angepasst. *Die Deutschprofis* ist in drei aufeinander aufbauende Lehrwerksstufen gegliedert: Band 1 führt Sprachanfänger auf das Niveau A1, Band 2 entspricht dem Niveau A2, und mit Band 3 wird das Niveau B1 erreicht. Neben den Ganzbänden gibt es das Lehrwerk auch in jeweils zwei Teilbänden zu einer Niveaustufe. Die Übungsbücher sind in diesem Fall integriert.

Komponenten

Die große Auswahl an Materialien erlaubt, den Unterricht den jeweiligen Bedürfnissen und Möglichkeiten entsprechend zu gestalten. Die einzelnen Bände bestehen aus folgenden Komponenten:

Interaktive Tabletversion zum Kurs- und zum Übungsbuch

Kursbuch mit Clips und Audios online (oder als **Medienpaket** mit 2 Audio-CDs)

Übungsbuch

Wörterheft

Lehrerhandbuch

Testheft

Lehrwerk digital auf USB-Stick

Lehrerhandbuch

Das vorliegende Lehrerhandbuch enthält methodische Hinweise zu den Lektionen sowie die Transkriptionen der Hörtexte und die Lösungen zu Kursbuch, Übungsbuch und Testheft. Zahlreiche Lernspielangebote und Kopiervorlagen sowie Vorlagen für Satzmodelle runden das Angebot ab und erleichtern die Vorbereitung für einen motivierenden, kindgerechten und differenzierenden Deutschunterricht.

Struktur des Lehrwerks

Aufbau einer Kursbuch-Lektion

Die Deutschprofis besteht aus 12 Lektionen pro Niveaustufe. Der einheitliche Aufbau mit zehn Seiten pro Lektion, das übersichtliche Layout sowie eindeutige Symbole und Verweise auf Anschlussübungen im Übungsbuch erleichtern die Orientierung. Die Lektionen sind klar gegliedert:

- *Einstiegsseite* mit visueller Komponente und Lernzielangabe: stimmt spielerisch auf das Thema ein, bezieht persönliche Erfahrungen der S ein und führt erste Wörter zum Thema ein;
- 3 *Doppelseiten* zur ausgewogenen Entwicklung der Fertigkeiten: zahlreiche Hörtexte, authentische Sprechanlässe, viele interessante Lesetexte, gelenkte und freie Schreibaufgaben sowie Übungen zur Phonetik;
- *Profiseite* mit anspruchsvolleren Aufgaben oder Satzmodellen, einer übersichtlichen Zusammenstellung der Redemittel (*Das kannst du schon*) sowie Übersichten zur Grammatik in Form von Comics und Tabellen (*Grammatik mit den Deutschprofis*);
- Ausklangseite (*Spielwiese*) mit Spielen, Gedichten, Raps, landeskundlichen Texten und Projekten zur Differenzierung, Auflockerung und spielerischen Anwendung des Gelernten.

kindgerechtes Lernen

Der umfangreiche Lernstoff ist kleinschrittig strukturiert. Die S nehmen den neuen Sprachstoff implizit auf und verarbeiten ihn in mehreren Schritten über Reproduktion bis hin zur eigenen Sprachproduktion. Das Aufgabenangebot bietet viele Lernzugänge und ermöglicht einen methodisch abwechslungsreichen Unterricht mit vielen Bewegungsspielen, Rätseln, Reimen, Liedern und Bildern. Motivation, spielerisches und ganzheitliches Lernen stehen im Vordergrund.

Wiederholung

Nach jeweils sechs Lektionen bietet sich die Möglichkeit, lektionsübergreifend zu wiederholen und im Kursbuch die einzelnen Fertigkeiten gezielt zu trainieren (*Mach dich fit*). Parallel können im Übungsbuch je zwei Spiele zur Wiederholung von Wörtern, Wendungen und Strukturen eingesetzt werden (*Mit Spiel zum Ziel*). Das Fertigkeitentraining sowie die Spiele aus dem Übungsbuch können auch an Stationen bearbeitet werden, indem die einzelnen Aufgaben und die Spiele als Stationen angeboten werden. Dazu bietet das Lehrerhandbuch je einen Laufzettel (***Kopiervorlage 11 und 22***). Die Extrastationen sind für S oder Kleingruppen, die früher fertig sind. Das können Kopiervorlagen, Rätsel, Puzzle oder Ausmalbilder sein. Möglich ist auch eine Rätselwerkstatt, bei der die S für die anderen Rätsel erstellen (Buchstabensalat, Kreuzworträtsel etc.).

Übungsbuch

An jede Aufgabe im Kursbuch schließen sich Übungen im Übungsbuch an, Verweise gibt es in beide Richtungen. In erster Linie festigt das Übungsbuch Wortschatz und Grammatik. Die Mehrzahl der Übungen ist geschlossen und in Einzelarbeit lösbar, sodass jeder S überprüfen kann, inwieweit er die Wörter und Strukturen verwenden kann. (Die Übungen können auch auf dem Tablet bearbeitet werden.) Mit den wiederkehrenden Übungstypen werden die S schnell vertraut, zahlreiche Beispiele helfen bei der Erfassung der Aufgabe. Ab Lektion 5 gibt es auch Übungen mit Differenzierungsmöglichkeiten (*Für Profis*). Zur wiederkehrenden Satzmaschine gibt es eine Kopiervorlage (***Kopiervorlage 3***), die immer wieder eingesetzt werden kann. Die Lektionen schließen mit der Liste der Lernwörter (*Lernwortschatz*) und dazu passenden lektionsübergreifenden Übungen zum Wortschatz. Der Anhang enthält ein Schreibtraining (*Mein Ich-Buch*), das zum Abschluss der Lektionen das freie Schreiben entwickelt, Fantasie und Kreativität anregt und erste Erfolgserlebnisse in der Fremdsprache ermöglicht.

Online-Übungen

Zusätzlich bietet die Lernerseite auf www.klett-sprachen.de/deutschprofis-online neben den Audios und den Clips auch 5 abwechslungsreiche Online-Übungen und je ein Spiel pro Lektion. Die S können ihre Lösungen hier direkt auswerten und ihre Lernerfolge sehen.

digitale Materialien

Darüber hinaus bietet das digitale Lehrwerk zahlreiche Möglichkeiten für den Unterricht: Einzelne Seiten des Kurs- oder Übungsbuchs können per Beamer oder Whiteboard präsentiert werden. Insbesondere mit Bildern kann man auf diese Weise anschaulich arbeiten. In Texten können Details vergrößert oder Schlüsselstellen markiert werden, um Strategien bewusst zu machen oder bestimmte Strukturen in den Mittelpunkt zu rücken. Audios und Clips lassen sich direkt abspielen. Aus dem Lehrerhandbuch können Kopiervorlagen oder Hinweise direkt ausgedruckt werden. Die Tabletversion ermöglicht die individuelle Arbeit der S, geschlossene Aufgaben können interaktiv bearbeitet werden.

Phonetischer Einstieg und Übungen zur Phonetik

Lektion 1: phonetischer Vorkurs

Hörverstehen und phonetisch korrektes Sprechen setzen eine differenzierte Wahrnehmung der im Deutschen typischen Laute und Intonationsmuster voraus. Deshalb beginnt die erste Lektion von *Die Deutschprofis A1* mit einem fakultativen Vorkurs zur Phonetik. Darin werden die S für grundlegende Phänomene sensibilisiert: kurze und lange Vokale, Silben und Wortakzent, einige wichtige Laut-Buchstaben-Beziehungen. Das erleichtert den Zugang zum phonetisch korrekten Lesen und Sprechen am Anfang. Da Anfängern kein Wortschatz zur Verfügung steht, werden Vornamen, Tiernamen und internationale Wörter als Übungswörter eingesetzt. Diese Lektion empfiehlt sich für Lernende ohne Vorkenntnisse. Sie kann aber auch ohne Probleme übersprungen oder später bearbeitet werden. Zu dieser Lektion gibt es keine Wortliste und keinen Test, der Stoff wird im Späteren nicht vorausgesetzt.

integrierte Phonetik

Weiterführende Übungen zur Lautartikulation und Intonation sind feste Bestandteile des Kursbuchs, beispielsweise Übungen zu Wortakzent, Satzakzent, Satzmelodie und zu einzelnen Lauten. Die Übungen (*Richtig sprechen*) sind in den Lektionsverlauf integriert, greifen auf spielerische Weise den jeweiligen Lektionswortschatz auf und fördern sprachliche Kreativität.

Themen und Situationen

Deutsch zum Mitmachen

Da die angebotenen Themen eng mit dem Erfahrungs- und Lebensbereich der Kinder verbunden sind, sprechen sie sie an und fordern zur emotionalen Auseinandersetzung heraus. Darüber hinaus ermöglichen sie den S die Orientierung in Alltagssituationen. Landeskundliche Aspekte aus allen deutschsprachigen Ländern sind in dieses Themenspektrum integriert. Zahlreiche Fotos bringen den S die Welt der deutschsprachigen Länder näher und stellen die Nähe zu Kindern in D-A-CH her.

die Deutschprofis als Lernbegleiter

Eine kleine Kinderclique, die Deutschprofis, begleitet die Lernenden und lässt sie neue Strukturen entdecken. Die Deutschprofis zeigen in kleinen humorvollen Situationen, um welche kommunikative Absicht es gerade geht. Die Illustrationen liefern einen situativen Kontext und können bei der Einführung einer neuen Struktur zu Hilfe genommen werden.
Auch für die Aussprache dienen die Figuren häufig als Modell und regen zum Mitmachen an. Sie bringen an vielen Stellen Spaß in den Deutschunterricht. Die Bilder der Figuren können im Klassenzimmer aufgehängt werden, um sie immer wieder einbeziehen zu können.

wechselnde Sozialformen

Für die Entwicklung der mündlichen Kommunikationsfähigkeit spielen neben der Themenvielfalt und dem Sprechen in echten Situationen lernerzentrierte Übungsformen eine große Rolle. Daher gibt es zahlreiche Aufgabenstellungen in Partner- oder Gruppenarbeit, die die S motivieren, ihre eigenen Interessen, Vorlieben und Ideen einzubringen, in denen sie sich austauschen können und die eine Identifikation der S mit den Rollen ermöglichen.
Stets helfen Impulse oder Beispiele, die S zum Sprechen zu bringen.

Redemittel

Eine übersichtliche Aufstellung der Redemittel erscheint ab Lektion 2 am Ende jeder Lektion (*Das kannst du schon*). Die Rubrik bietet Raum für die Entwicklung kleiner Dialoge, die auch vorgespielt oder aufgeschrieben werden können. Später können die Listen zum Nachschlagen genutzt werden. Spieltipps dazu gibt es in den methodischen Hinweisen zu den Lektionen.

lustbetontes Lernen

Das Lehrwerk bietet zahlreiche Lernspiele im Kurs- und Übungsbuch sowie als Tipps und Kopiervorlagen im Lehrerhandbuch. Ihr Einsatzort ist jeweils in den methodischen Hinweisen angegeben. Es empfiehlt sich, im Deutschunterricht immer genügend Spielwürfel, Blankokärtchen und Plakate bereitzuhalten, da es zahlreiche Anregungen für Würfelspiele, Lernplakate u. Ä. gibt. Das vielfältige Angebot an Lernspielen, Liedern und Reimen, Raps und Clips unterstützt den Lernerfolg, spricht Kopf, Herz und Hand gleichermaßen an, nutzt viele Wahrnehmungskanäle und erhöht so die Merkfähigkeit.

Hör- und Leseverstehen

vielfältige Hörtexte

Das umfangreiche Hörmaterial erfüllt unterschiedliche Funktionen:
- Neue Wörter werden mit Hilfe von Bildern über Sehen und Hören eingeführt, damit die S sich diese von vornherein mit dem richtigen Wortakzent einprägen.
- Gespräche, Hörszenen, Interviews, Berichte und weitere Textsorten bauen das Hörverstehen schrittweise auf. Die passenden Hörstrategien sind in die Aufgaben integriert, das Verstehen wird durch mehrmaliges Hören gesichert. Bei der Erschließung des situativen Kontextes helfen Bilder und Geräusche, die Hintergrundinformationen liefern.
- Zur Entwicklung der richtigen Aussprache gibt es zunächst immer ein Muster, bei dem sich die S auf ein Phänomen konzentrieren und sich die Aussprache bewusst machen. Darauf folgen Übungen zum Nachsprechen und Variieren.
- Raps, Reime und Lieder schleifen den Rhythmus der Sprache ein und dienen gleichzeitig zur spielerischen Festigung der gelernten Wörter und Strukturen.

Lesetexte und Strategien

Die Lesetexte sind an Kinderzeitschriften angelehnt oder stammen aus dem Schulleben in D-A-CH. Sie umfassen unterschiedliche Textsorten wie z. B. Berichte, Zeitungsartikel, E-Mails, Kurznachrichten, Blogs, Anzeigen, Gedichte und Rätsel. Die Präsentation der Texte sowie die Aufgaben zum Verstehen entwickeln systematisch Strategien für ein globales, selektives oder detailliertes Verstehen. Auf formalisierte Lerntipps wird aufgrund der jungen Zielgruppe verzichtet, Techniken werden in den Aufgaben erprobt. Auch in diesem Fall wird entdeckendes Lernen bevorzugt. Es werden viele Lernwege aufgezeigt, damit die S später selbst entscheiden können, welche Lernstrategien für sie persönlich am effektivsten sind.
Die Texte werden immer in mehreren Schritten bearbeitet. Auf die Erarbeitung der Inhalte folgt oft das Fokussieren von Formen, die für die jeweilige Textsorte typisch sind.

Sprechen und Schreiben

Sprachhandlung als Ziel

Am Ende einer Übungskette stehen Aufgaben zur Sprachproduktion als eigentliches kommunikatives Ziel einer Einheit. Die S wenden ihr Wissen in zahlreichen Minidialogen, Rollenspielen, Diskussionen, Kurznachrichten, Briefen usw. an.
Anfangs gibt es – von einem Modell ausgehend – kurze, einfache Aufgaben in Form von persönlichen Angaben, Mitteilungen, E-Mails, Postkarten. Nach und nach fördern komplexere Aufgaben die freiere Textproduktion der S.

Portfolio: Ich-Buch

Nach jeder Übungsbuch-Lektion gibt es die Möglichkeit, auf einer Seite im Anhang das Gelernte im Rahmen des Lektionsthemas frei anzuwenden. Diese Seiten können auch herausgetrennt und im Dossier eines Sprachenportfolios abgeheftet werden, das jeder S selbst führt und dekorativ gestalten kann. Das *Ich-Buch* dokumentiert somit den Lernprozess.

Grammatik als Comic

implizite Grammatikvermittlung

Rein formal vermittelte Grammatik ist für Kinder weder motivierend noch einprägsam. Die Kinder nehmen grammatische Strukturen unbewusst auf, und die Bedeutung wird für sie durch den Kontext klar. Daher führt *Die Deutschprofis* grammatische Strukturen in kommunikativen Kontexten ein. Innerhalb der Lektionen wird Grammatik implizit vermittelt. Schritt für Schritt erleichtern die aufeinander aufbauenden Übungen die Anwendung von Strukturen.
In vielen Fällen machen die Figuren der Deutschprofis eine neue Struktur in einer kleinen Situation deutlich. Regeln können mit der Entwicklung der kognitiv-analytischen Fähigkeiten zunehmend selbstentdeckend erarbeitet werden.

Satzmodelle als Clips

Syntaktische Strukturen werden mit Hilfe der Satzmodelle transparent gemacht: Als wichtigstes Merkmal sind die Position des Verbs und die Satzklammer farbig hervorgehoben.
Die Satzmodelle können nicht nur gelesen und nachgebaut werden, sondern in animierten Videoclips auch angesehen und anschließend mit Hilfe von Kopiervorlagen selbst gelegt werden. (Das Legen ist auch ohne die Clips möglich.) Das Lernen über verschiedene Kanäle, insbesondere das eigenständige Bauen von Sätzen, fördert das Behalten der Satzbauregeln in hohem Maß.

Grammatik auf einen Blick

Zum Abschluss der Lektion wird die Grammatik auf einer Seite zusammengefasst. Die Funktion der Strukturen wird in kleinen Comicszenen veranschaulicht. Die Comics können auch als Rollenspiel von den S in Szene gesetzt werden, sodass der Umgang mit Grammatik zu einem lebendigen Erlebnis wird.
Einsichten in das grammatische Regelsystem bieten Tabellen, die oft mit einer kleinen Lernaktivität verknüpft sind. Die Tabellen dienen in erster Linie zum Nachschlagen.
Auf grammatische Terminologie wird weitgehend verzichtet. In dieser Phase der Formfokussierung wird durch eine moderate Bewusstmachung der Formen und Strukturen nach und nach die Fähigkeit der Sprachreflexion aufgebaut. Regeln werden aber nicht explizit ausformuliert. Im Lehrwerk wird eine Kombination von implizitem und explizitem Lernen angestrebt, bei dem der Input und die Produktionsphase – dem Alter der Lernenden entsprechend – im Vordergrund stehen.

Wortschatz

Lernwortschatz im Übungsbuch

Am Ende jeder Übungsbuch-Lektion erscheint der *Lernwortschatz* der jeweiligen Lektion nach Wortkategorien geordnet: Nomen, Verben, Adjektive, kleine Wörter und Wendungen. Die daran anschließenden Übungen dienen der spielerischen Festigung und Vernetzung der Wörter. Die letzte Übung mit den Deutschprofis überprüft, ob das kommunikative Ziel der Lektion erreicht ist.
Darüber hinaus sind zu den Wortlisten weitere Spiele denkbar, z. B.

- Scharade: Ein S stellt ein Wort pantomimisch dar, wer es errät, ist als Nächster dran.
- Montagsmaler: Ein S zeichnet einen Begriff an die Tafel und die anderen raten.
- Wörter raten: „Mein Wort fängt mit F an. Wie heißt mein Wort?"
- Sätze bauen: Aus zwei oder mehr Wörtern wird ein Satz gebildet.
- Wörter raten: Ein S denkt sich ein Wort aus und zeichnet für jeden Buchstaben einen waagerechten Strich an die Tafel. Die anderen schlagen Buchstaben vor. Wenn der Buchstabe im Wort vorkommt, schreibt der S ihn auf den/die entsprechenden Strich/e. Bei falschen Buchstaben wird eine Strichzeichnung (z. B. Haus) ergänzt. Hat ein S das Wort erraten, bevor die Zeichnung fertig ist, ist er an der Reihe.

Wörterheft

Das Wörterheft enthält den ausgewählten Lernwortschatz jeder Lektion mit Markierung des Wortakzents. Zu jedem Wort gibt es einen Beispielsatz im passendem Kontext sowie Leerzeilen zum Eintragen der muttersprachlichen Entsprechung. Da es einsprachig aufgebaut ist, eignet es sich auch für den Einsatz in muttersprachlich heterogenen Gruppen.

Testen, Prüfen und der Umgang mit Fehlern

Positives verstärken

Fehler gehören zum Sprachlernprozess und sind oftmals Zeichen von übergeneralisierendem Regelverständnis und kreativem Umgang mit Sprache. Wichtig ist, bei Fehlerkorrekturen behutsam vorzugehen und den S zu zeigen, dass sie auch voneinander lernen können, indem sie sich gegenseitig korrigieren und unterstützen. Mündliche Sprachproduktion sollte nicht durch Korrektur unterbrochen werden. Fehler sollten nicht sanktioniert und als Versagen erlebt werden, dagegen ist es wichtig, Richtiges positiv zu verstärken.

Testheft

Das Testheft beinhaltet zu den Lektionen 2–12 einen Test sowie zwei komplexere Fertigkeitentests und einen Modellsatz für die Prüfung. Die Lektionstests dienen der Überprüfung und Festigung des Lernstoffs und können parallel zum Kursbuch eingesetzt werden. Sie dokumentieren Sprachentwicklung und Leistungsstand und bieten den S in Verbindung mit ihrem *Ich-Buch* die Möglichkeit, ihre sprachlichen Leistungen selbst einzuschätzen und ihren Lernfortschritt kontinuierlich zu verfolgen.

Prüfungsvorbereitung

Die Bände bereiten jeweils auf eine Prüfung vor: Band 1 führt zum *Goethe-Zertifikat A1: Fit in Deutsch 1*, Band 2 zum *Goethe-Zertifikat A2: Fit in Deutsch 2*, Band 3 bereitet auf das *Goethe-Zertifikat B1* vor und bahnt *DSD I* an. Die Prüfungsaufgabenformate sind in den Lektionen enthalten. Verstärkt werden sie in den Fertigkeitentrainings geübt. So werden die S nach und nach mit allen Aufgabentypen vertraut. Ein Modellsatz im Testheft rundet das Angebot ab. Eine genaue Beschreibung der Tests sowie Hinweise zur Bewertung sind im Testheft zu finden.

1 SO KLINGT DEUTSCH

Die Einstiegslektion ist als Vorkurs zur Phonetik fakultativ einsetzbar, der klassische Einstieg in den Sprachunterricht beginnt in Lektion 2. In Lektion 1 treten die S in ersten Kontakt mit der deutschen Sprache. Sie werden für den Klang der Sprache und die wichtigsten Phänomene der Aussprache sensibilisiert: kurze und lange Vokale, Silben und Wortakzent. Auch an die Verknüpfung von Lauten und Buchstaben werden die S herangeführt. Die einzelnen Laute und ihre Aussprache werden in den späteren Lektionen tiefergehend thematisiert. Der Vorkurs ist insbesondere Lernenden zu empfehlen, die keinerlei Vorkenntnisse haben oder deren Ausgangssprache stark vom Deutschen abweicht.

Alternativen:

1. Sollten Sie auf den Vorkurs verzichten, entstehen keine Probleme. In Lektion 1 wird ausschließlich mit Namen, Tierbezeichnungen und einigen Internationalismen gearbeitet. Nichts von den Inhalten aus Lektion 1 wird später vorausgesetzt.
2. Sie müssen nicht die komplette Lektion durchnehmen. Wählen Sie die Teile aus Lektion 1 aus, die für Ihre Lernergruppe wichtig sind, und bearbeiten Sie nur diese.
3. Wenn Sie lieber mit Begrüßung und Vorstellung einsteigen möchten, gehen Sie gleich zu Lektion 2. Sie können aus Lektion 1 Teile, die Sie für wichtig halten, auch später einsetzen (z. B. den Einstiegsrap zum Kennenlernen der Figuren, das ABC-Lied oder das Alphabet).

Einstieg:
Die S lernen ihre Lernbegleiter, die Deutschprofis, kennen. Lassen Sie die S das Bild betrachten, bevor sie ***Track 1*** hören und dabei auf die Figuren zeigen. Sie können das Bild auch an die Wand / das Whiteboard projizieren. Der Rap (***Track 2***) vermittelt einen ersten Eindruck vom Klang der deutschen Sprache und lädt die Kinder zum Mitmachen ein. Durch das Mitsummen schleift sich zunächst der Rhythmus ein. Lesen Sie den Text im Chor, spielen Sie den Text mehrmals ab.
Tipp: Bilden Sie Gruppen mit den Namen der Deutschprofis. Jede Gruppe bekommt zwei Zeilen. Die Gruppen üben ihre Zeilen ein, dann wird der Rap mit den anderen Gruppen zusammen vorgeführt.

Namen und Vokale

Lernziel: Zu Beginn werden die S für kurze und lange Vokale im Deutschen sensibilisiert. Dazu arbeiten Sie mit Vornamen. Der Akzentvokal ist entscheidend für die richtige Betonung der Wörter im Deutschen.

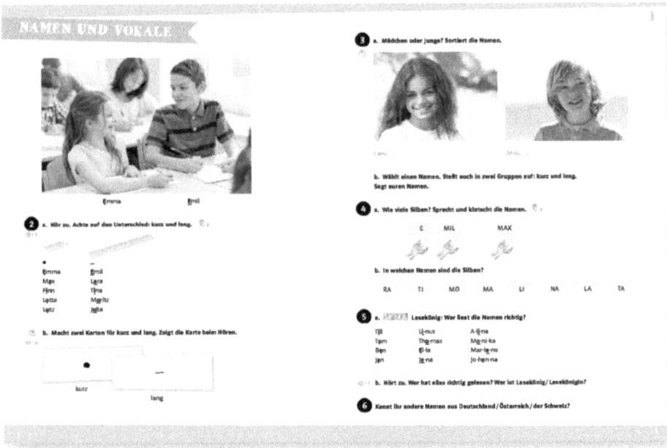

2 **a.** Betrachten Sie mit den S das Foto im Kursbuch, sprechen Sie die zwei Namen vor. Spielen Sie ***Track 3*** ab. Fragen Sie Ihre S nach dem Hören, was ihnen auffällt. Weisen Sie auf die Markierung hin: Der Punkt steht für kurz, der Strich für lang. (Das ist auch für das Wörterheft wichtig: Dort sind alle Akzentvokale auf diese Weise markiert.)

Tipp: Klären Sie bei Bedarf, was ein Vokal ist. Schreiben Sie die Vokale an die Tafel. Lassen Sie einige Vokale im Chor emotional sprechen, z. B. Aaa! Ooo! Iii!
b. Die S können beim Hören das Buch zumachen. Sie sollten sich nur auf das Hören konzentrieren und mit ihren Karten zeigen, ob der Vokal kurz oder lang ist. Das Sprechen der Namen erfolgt später in ***3b***.

❸ In einer Fremdsprache hat man oft Schwierigkeiten mit Vornamen: weiblich oder männlich? Die S raten zu zweit. Besprechen Sie dann die Lösung. Die S wählen einen Namen und stellen sich in zwei Gruppen auf.
Alternative: Um die Namen einzuüben, zählen Sie die Namen aus ***2a*** auf. Bei Mädchennamen stehen die Mädchen auf, bei Jungennamen die Jungen. Nach einigen Übungen kann ein S die Rolle des Ansagers übernehmen. Sie können auch Aussagen machen, z. B. „Julia ist ein Mädchenname", und die S entscheiden, ob die Aussage richtig oder falsch ist.

❹ **b.** Die Aufgabe kann als Wettbewerb durchgeführt werden: Wer findet die Silben zuerst? (Die Namen stammen alle aus Aufgabe 1 und 2.) Lösung an der Tafel.

❺ **a.** Die S üben erst leise für sich. Wer traut sich, die unbekannten Namen laut zu lesen?
Tipp: Schreiben Sie die Namen Jana, Tom, Emil, Julia, Tina, Linus, Monika, Alina an die Tafel und lassen Sie sie von hinten aufbauen: A – NA – ANA – JANA.
Die S können auch Wortpyramiden bauen, indem sie die gewählten Namen buchstabenweise auf oder abbauen.

J A N A
J A N
J A
J

❻ Sammeln Sie die Namen, die die S nennen, an der Tafel. Das können auch Vornamen berühmter Personen sein. Lassen Sie die S die Namen laut vorlesen und sortieren: Kurz oder lang? Junge oder Mädchen? (Achtung: Fremde Namen weichen von den deutschen Ausspracheregeln möglicherweise ab.) Die S können dazu zwei Poster erstellen: Junge / Mädchen, kurz / lang.

Tiernamen international

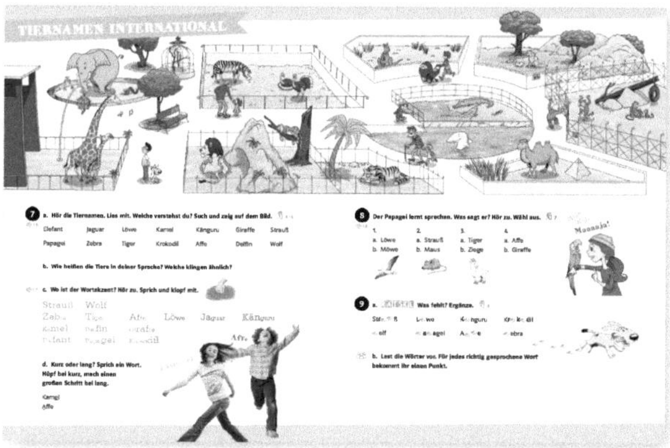

Lernziel: Nachdem die S das Prinzip der Silben kennengelernt haben, geht es hier um den Wortakzent: Welche Silbe ist betont? Bei Ausgangssprachen, in denen der Wortakzent immer auf einer abzählbaren Silbe liegt, kann es besonders wichtig sein, klarzumachen, dass der Wortakzent im Deutschen variiert und deshalb die Aussprache und der Akzent bei neuen Wörtern immer mitgelernt werden sollte.

❼ **a.** Die Überschrift deutet an, dass viele Tierbezeichnungen in unterschiedlichen Sprachen ähnlich sind. Nutzen Sie die Ähnlichkeiten und lassen Sie die S rätseln, welches Wort für welches Tier steht.
Tipp: Auch einige Tiernamen kann man von hinten oder als Wortpyramide aufbauen, z. B. E-WE-ÖWE-LÖWE.

b. Sammeln Sie ggf. ähnlich klingende Wortpaare in der Sprache der S und im Deutschen an der Tafel. (An dieser Stelle können Sie darauf hinweisen, dass Nomen im Deutschen großgeschrieben werden.)
c. Hier wird das Prinzip eingeführt, betonte Silben durch eine größere Schrift visuell hervorzuheben. Darauf greift das Lehrwerk bei Rhythmusstücken, Raps und Gedichten immer wieder zurück. Erklären Sie den S das Prinzip. Der Wortakzent wird zudem durch Klopfen unterstützt.
Tipp: Das Klopfen kann später bei der Einführung neuer Wörter immer wieder eingesetzt werden.
d. Ein Wort besteht aus Silben, eine davon ist die Akzentsilbe (betonte Silbe), die den Akzentvokal enthält. Dieser Vokal ist besonders wichtig; vor allem die Länge (kurz oder lang) muss richtig realisiert werden. Die S wiederholen, was sie im ersten Teil gelernt haben: Ist der Akzentvokal kurz oder lang? Schreiben Sie die Wörter auf Kärtchen. Die S ziehen eine Karte, stellen sich im Klassenzimmer auf und machen die passende Bewegung – einmal hüpfen bei kurzem Vokal, ein großer Schritt bei langem Vokal.

8 Im Anschluss an die Höraufgabe zur Unterscheidung von Lauten können die S selbst einen Papageien nachmachen: Sie sprechen einen Tiernamen, die anderen hören zu und wiederholen das Wort richtig. Anschließend können die S auch in Paaren spielen.
Alternativen: Spielen Sie das Echo-Spiel. Erklären Sie den S bei Bedarf, was ein Echo ist. Üben Sie zuerst im Plenum, dann in Paaren. Am Anfang geht es darum, dass das Echo das, was der Rufende sagt oder ruft, richtig nachspricht. Spielen Sie zuerst die Rufende und die S das Echo. Nach einigen Übungen kann ein S die Rolle der Rufenden übernehmen.
Als Weiterentwicklung des Spiels können Sie zwei Kartensets mit Tiernamen erstellen: einmal in Rot (Rufer), einmal in Blau (Echo). Jeder S zieht eine Karte. Die S dürfen ihre Karten einander nicht zeigen. Auf ein Signal sagen alle Rufer ihren Tiernamen. Dann sind die Echo-Rufer dran. Die Paare sollen einander finden. Wer sich gefunden hat, vergleicht die Karten und bleibt still. Es wird so lange gespielt, bis alle Paare sich gefunden haben.

9 **Tipp:** Die S können selbst ähnliche Rätsel füreinander erstellen.

Das Abc

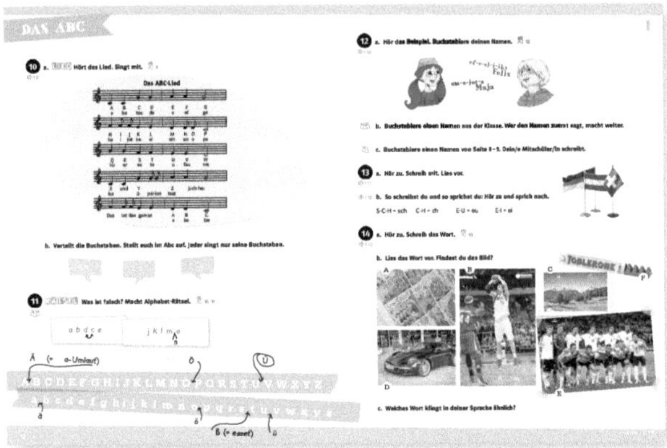

Lernziel: Die S lernen das deutsche Alphabet kennen und buchstabieren Wörter. Es wird deutlich gemacht, dass nicht jeder Laut einem einzigen Buchstaben entspricht – es gibt auch Buchstabenkombinationen (z. B. „ch" in „ich"), die für die deutsche Sprache typisch sind.
Außerdem lernen die S einige internationale Wörter kennen.

10 **b.** Die S bekommen Karten mit Buchstaben. Wie viele (aufeinanderfolgende) Buchstaben auf einer Karte stehen, hängt von der Gruppengröße ab.
Tipp: Nach dem Singen können Sie die S darauf hinweisen, dass es auch einige Buchstaben mit Umlaut gibt, die unten am Abc-Band zu sehen sind: ä, ö, ü. Außerdem gibt es den Buchstaben ß. Dieser kann im ÜB geübt werden.

⓫ **Alternativen:**

1. Finde Tiere mit „…“: Die S bilden mehrere Gruppen. Nennen Sie einen Buchstaben. Jede Gruppe versucht, innerhalb einer Minute so viele Tiernamen wie möglich zu finden, in denen dieser Buchstabe vorkommt. Wer mehr gefunden hat, bekommt einen Punkt. Z. B. Finde Tiere mit einem „F“ (Elefant, Delfin, Affe, Wolf …).
2. ABC-Pantomime: Die S bilden mehrere Gruppen. Jede Gruppe schreibt Anfangsbuchstaben von Tieren auf Kärtchen. Ein S aus der gegnerischen Gruppe zieht einen Buchstaben und überlegt sich ein passendes Tier. Dieses muss er seiner Gruppe pantomimisch darstellen. Die Gruppe rät (mit aufgeschlagenen Büchern) und findet somit den passenden Buchstaben.

⓬ **Alternative:** Schwieriger ist es, einen Namen rückwärts zu buchstabieren. Wer den Namen zuerst sagt, macht weiter.

⓭ **a.** Ein S kommt nach vorn und schreibt an der Tafel mit. Dann werden die Ländernamen noch einmal vorgelesen.
b. Hier geht es exemplarisch um einige Buchstabenkombinationen, die in den Ländernamen vorkommen. Die S hören und schreiben erst die Ländernamen, dann werden einige Lautkombinationen fokussiert. In den Folgelektionen werden diese Kombinationen detailliert behandelt.

⓮ Beim Buchstabieren mitzuschreiben, ist eine wichtige Technik. Die S werden mit Wörtern konfrontiert, die sie noch nicht kennen, die ihnen aber vielleicht bekannt vorkommen. Es handelt sich um Internationalismen, die man in vielen Sprachen kennt und die das motivierende Gefühl vermitteln, schon etwas zu verstehen. Die S versuchen, selbst das Wort zu lesen und die Bedeutung mit dem entsprechenden Bild zu verknüpfen.
Tipps:

1. Anschließend kann man über die Bilder sprechen: Was kennen die S? Was ist typisch für D-A-CH? Was verknüpfen sie mit Autos, Sport und D-A-CH usw.?
2. Kennen die S weitere Wörter auf Deutsch? Sammeln Sie alles, was Ihre S schon kennen und wissen. Mit diesem Wissen und mit dem Gelernten in Lektion 1 können sie das Deckblatt des Portfolios (***Ich-Buch im Anhang des ÜB***) gestalten.

TIER-ABC

Spieltipp: Das Tier-Abc gibt es auch als Buchstabenkarten mit Tieren (***Kopiervorlage 1***): Kopieren Sie die Vorlage, schneiden Sie die Karten aus. (Laminieren Sie sie, wenn es möglich ist.) Die S ziehen je eine Karte und stellen sich so schnell wie möglich nach dem ABC auf. Abhängig von der Gruppengröße können auch zwei Mannschaften (mit einem Teil der Karten) gegeneinander spielen. 1

Alternativen:

1. Zeigen Sie eine Karte. Die S nennen die Nachbarbuchstaben.
2. Die S ziehen je eine Karte und nennen das Tier.
3. Die S ziehen je eine Karte und nennen das Tier. Sie hüpfen oder machen einen Schritt je nachdem, ob der Akzentvokal kurz oder lang ist.
4. Die S spielen in Gruppen zu sechst. Sie bekommen fünf Buchstaben und stellen sich auf. Ein S steht falsch in der Reihe. Ein anderer S muss den Fehler finden.

2 HALLO, DAS BIN ICH

Einstieg:
Lassen Sie die S das Bild betrachten und die Begrüßungen lesen. Die S suchen, ob die Begrüßung auch in ihrer Sprache angegeben ist, dann besprechen sie, welche Begrüßungen ihnen bekannt vorkommen. Sie überlegen oder raten, welche Begrüßungen auf Deutsch sind („Hallo!", „Servus!", „Grüezi!") und aus welchen Ländern die anderen Begrüßungen stammen.
Schreiben Sie die deutschen Begrüßungen an die Tafel und erklären Sie, dass „Servus!" und „Grüezi" regionale Varianten sind (bayerisch / süddeutsch bzw. schweizerisch) und dass es viele weitere Varianten gibt (Moin!, Grüß Gott!, Grüß dich!, Hi! usw.). Das Lehrwerk verwendet im Weiteren nur „Hallo!" aktiv.

Guten Tag! Hallo!

Lernziel: Die S lernen, wie man sich in Deutschland formell und informell begrüßt und verabschiedet. Da das möglicherweise der erste Kontakt mit der deutschen Sprache ist, werden die Begrüßungen mit der richtigen Betonung eingeführt.

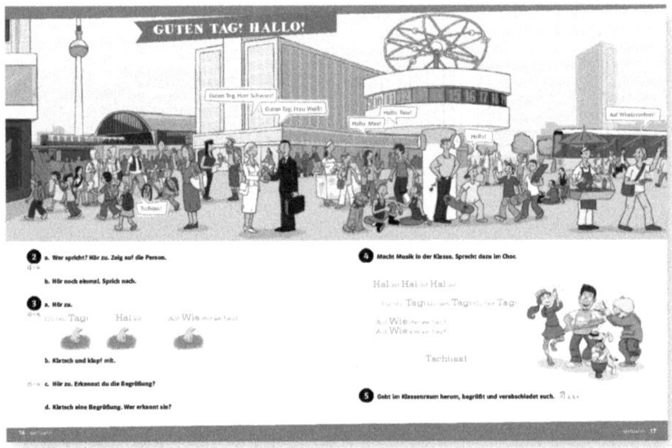

2 **a.** Betrachten Sie mit den S das Bild, bevor Sie ***Track 14*** abspielen. Sie können es an die Wand / das Whiteboard projizieren. Fragen Sie, ob die S die Stadt auf dem Bild kennen, oder erzählen Sie, was das Bild zeigt: Der Alexanderplatz liegt mitten in Berlin, die Berliner nennen ihn Alex. Der Fernsehturm und die Weltzeituhr auf dem Alex sind Wahrzeichen der Stadt.
Tipp: Das Bild können Sie auch später einsetzen, um Situationen nachzuspielen, Personen zu beschreiben u.v.m.

3 Durch das Klatschen der Silben und das Klopfen des Wortakzents wird die richtige Betonung spielerisch eingeübt. Der Wortakzent ist durch die größere Schrift kenntlich gemacht.
Tipp: Benutzen Sie Rhythmus- oder andere Körperinstrumente (Schnipsen, Stampfen, auf den Bauch klopfen usw.), um den Rhythmus zu üben.

4 Teilen Sie die S mit Hilfe von Zetteln in vier Gruppen. Auf den Zetteln stehen die Begrüßungen „Hallo!", „Guten Tag!", „Auf Wiedersehen!" und „Tschüss!". Jede Gruppe übt kurz, dann beginnt das Konzert. Die Gruppe, auf die Sie als Dirigent zeigen, macht Musik (z. B. „Hallo!"). Die S können auch „Instrumente" einsetzen: Trommeln auf dem Tisch, Klopfen mit Lineal / Bleistift, klatschen usw.
Alternative: Die S sitzen im Kreis. Jeder S wählt eine beliebige Begrüßung und schließt die Augen. Berühren Sie einzeln die S. Der S, den Sie berührt haben, wiederholt seine Begrüßung so lange, bis er wieder berührt wird. Genießen Sie das Begrüßungskonzert.

5 **Tipp:** Spielen Sie Musik ab. Solange die Musik spielt, gehen die S im Klassenraum herum. Wenn Sie die Musik stoppen, bleiben die S stehen, suchen einen Partner, und begrüßen ihn. Wenn die Musik wieder ertönt, verabschieden sie sich und setzen ihren Spaziergang im Raum fort.
Alternative: Die S begrüßen einander auf verschiedene Weise (z. B. Hände schütteln, mit dem Kopf nicken, sich verbeugen wie die Japaner, mit dem Surfergruß usw.). Machen Sie dabei die S darauf aufmerksam, dass Begrüßungsrituale je nach Kulturkreis sehr unterschiedlich sind und dass man diese kennen muss. In D-A-CH reichen sich Erwachsene die Hand. Kinder und Jugendliche machen das weniger, Jugendliche umarmen sich auch immer häufiger.

Guten Morgen! Guten Abend!

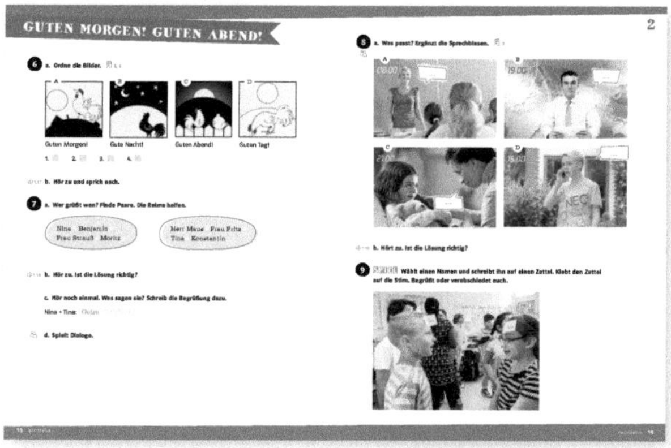

Lernziel: Die S lernen die unterschiedlichen tageszeitabhängigen Begrüßungsformen und ihre richtige Anwendung kennen. Auch das variiert stark von Land zu Land.

6 Kopieren Sie die Bilder mit den Begrüßungen und heften Sie sie in falscher Reihenfolge an die Tafel. Betrachten Sie mit den S die Bilder und lassen Sie sie in die richtige Reihenfolge bringen. Hören Sie dann ***Track 17***.

7 Lassen Sie die S Zettel ziehen, auf denen die Namen aus den zwei Kästen stehen. Abhängig von der Gruppengröße können Sie die Namenspaare jeweils in derselben Farbe schreiben. Wenn sich die sich reimenden Paare gefunden haben, hören sie ***Track 18*** und kontrollieren ihre Lösungen. Bei ***7c*** konzentriert sich jedes Paar zuerst nur auf die Begrüßung, die zu seinem Namen passt. Anschließend spielen sie die Dialoge nach.
Alternative: Spielen Sie Musik ab. Während der Musik gehen die S im Raum herum und tauschen ihre Zettel aus. Wenn die Musik gestoppt wird, suchen sie nach ihrem Partner und begrüßen einander wie im Musterdialog.

8 Bereiten Sie Zettel mit Uhrzeiten vor. Nachdem die S den Fotos die richtige Begrüßung zugeordnet und die Lösungen mit Hilfe von ***Track 19*** korrigiert haben, ziehen sie einen Zettel mit einer Uhrzeit, spielen eine dazu passende Aktivität vor (ähnlich wie auf den Fotos). Die anderen sagen die entsprechende Begrüßung im Chor oder einzeln als Kettenspiel der Reihe nach.

9 Stellen Sie für das Spiel selbstklebende Post-its bereit und lassen Sie die S die Namen aus Lektion 1 darauf schreiben.
Alternative: Man kann auch Namen von berühmten Persönlichkeiten aus D-A-CH verwenden.

Wer bist du?

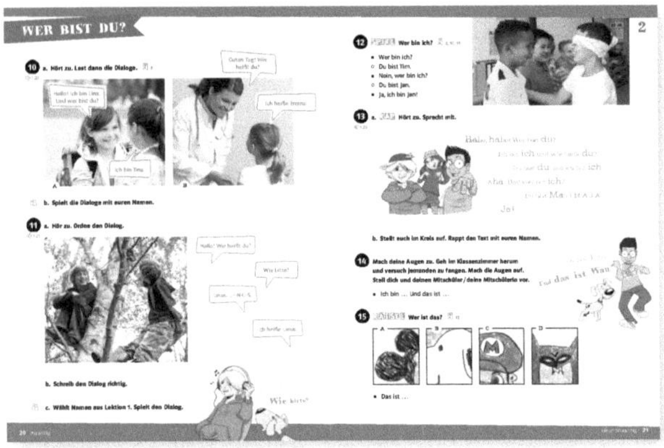

Lernziel: Die S lernen sich vorzustellen, nach dem Namen zu fragen und die Namen zu buchstabieren. Falls Sie Lektion 1 übersprungen haben, können Sie hier das deutsche Alphabet einführen.

10 Betrachten Sie mit den S die Fotos, bevor Sie ***Track 20*** abspielen. Sie können darauf hinweisen, dass auf dem ersten Foto zwei Kinder und auf dem zweiten eine Erwachsene und ein Kind zu sehen sind. In beiden Situationen kann man „Hallo" sagen; „Guten Tag" benutzt man nur im öffentlichen Bereich, nicht privat und nicht unter Kindern.
Die neuen Satzmuster können die S im Kettenspiel einüben: Einer fragt, der Nächste antwortet usw.
Alternative: Die S stehen im Kreis. Der erste S stellt sich vor und wirft einem S einen Ball zu. Es wird solange gespielt, bis alle einmal an die Reihe gekommen sind.

11 Betrachten Sie mit den S das Foto, bevor die S den Dialog (evtl. in Paaren) rekonstruieren und Sie ***Track 21*** zur Kontrolle abspielen. Klären Sie die Bedeutung von „Wie bitte?", machen Sie eine passende Geste dazu (z. B. Hand ans Ohr). Lassen Sie den Dialog auch mit eigenen Namen in Paaren vorspielen.

12 Die S stehen im Kreis. Binden Sie einem freiwilligen S die Augen zu. Er steht in der Kreismitte und wird im Kreis gedreht. Er geht auf jemanden zu und versucht durch Tasten zu erraten, wer das ist. Wenn er es erraten hat, ist der Nächste dran. Denken Sie daran, dass es S geben kann, die nicht möchten, dass ihnen die Augen verbunden werden. Sie können die Möglichkeit dann einem anderen S weitergeben.
Alternative: Der Spieler mit den verbundenen Augen in der Mitte nennt zwei Namen. Diese zwei Kinder versuchen ihre Plätze so zu tauschen, dass der S in der Mitte sie nicht fangen kann. Wird jemand gefangen, kommt er in die Kreismitte und bekommt die Augen zugebunden.

13 Kleine rhythmische Texte bringen nicht nur Abwechslung und Spaß in den Unterricht, sondern schleifen auch die gelernten Strukturen ein. Die S lernen den Text schneller, wenn Sie ihn an die Tafel schreiben und nach jedem Sprechen im Chor Stück für Stück abwischen.

14 **Alternative:** Die Paare, die sich einander vorstellen, können durch Fädenziehen gebildet werden: Halten Sie ein Bündel Schnüre mit den offenen Enden nach oben in der Hand, es müssen halb so viele Fäden sein wie S im Kurs. Jeder S nimmt sich ein Fadenende. Lassen Sie nun das Bündel los. Die S, die jeweils denselben Faden in den Händen halten, bilden ein Paar und stellen sich wie im Beispiel vor.

15 Die S können auch ähnliche Rätsel erstellen, indem sie Bildteile von bekannten Personen malen oder ausschneiden und mitbringen und einander zeigen.
Tipp: An dieser Stelle kann auch das Ratespiel von der ***Spielwiese*** einbezogen werden. Es ist noch spannender, wenn nicht sofort das ganze Bild, sondern nur ein Teil wie in Aufgabe 15 gezeigt wird. Um die Neugier der S zu wecken, können Sie auch die sog. Adventskalender-Technik anwenden: Sammeln Sie die Bilder ein und wählen Sie eins aus. Legen Sie ein Deckblatt mit kleinen Fensterchen (wie beim Adventskalender) auf das Bild. Die S raten, wer das sein kann. Das Bild können die S als erstes Produkt in das Portfolio (***Ich-Buch im Anhang des ÜB***) einkleben.

Wie geht's?

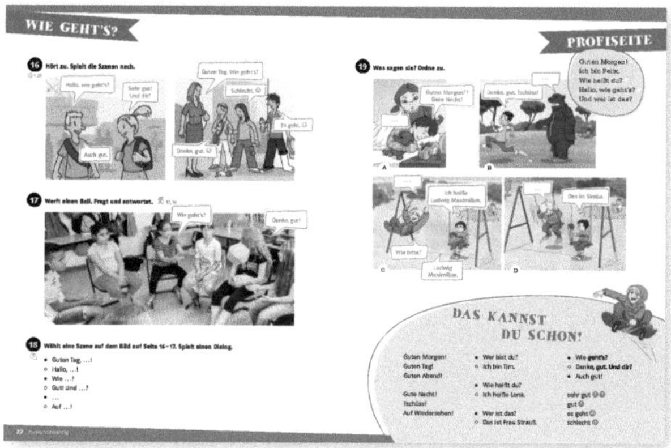

Lernziel: Die S stellen Fragen nach dem Befinden und geben unterschiedliche Antworten auf die Frage. Die Wendungen werden als Chunk gelernt.

⓰ Betrachten Sie mit den S die Bildausschnitte vom Alexanderplatz und spielen Sie ***Track 23*** ab. Dann zieht jeder S ein Smiley oder würfelt mit dem Smiley-Würfel (***Kopiervorlage 2***) und beantwortet die Frage „Wie geht's?". 2

⓱ **Alternative:** S sitzen im Kreis. Ein S verlässt für kurze Zeit den Raum. Dann wird ein S im Kreis bestimmt, der auf die Frage „Wie geht's?" mit „Schlecht" antwortet. Der S kommt von draußen wieder herein, stellt sich in die Kreismitte und fragt die S einzeln nach ihrem Befinden. Wenn die Antwort „Schlecht" ist, müssen alle aufstehen und sich schnell einen neuen Platz suchen. Der S in der Mitte versucht auch, einen Platz zu erwischen. Wer keinen Platz hat, ist der nächste Fragesteller und verlässt den Raum.

⓲ **Differenzierung:** Bevor Sie mit dem Skelettdialog aus dem Buch arbeiten, legen Sie die Teile eines vollständigen Musterdialogs in die Mitte des Klassenraums auf den Fußboden. Die S sortieren die Dialogteile in zwei Reihen und versuchen, die Teile in die richtige Reihenfolge zu bringen. Dann stellt sich je ein S zu einem Dialogteil. In der ersten Runde sprechen Sie den Dialogteil vor, und der S wiederholt ihn. Sprechen Sie dann den nächsten Dialogteil vor, der nächste S wiederholt ihn usw. In der zweiten Runde spielen die S den Zickzack-Dialog allein durch. Korrigieren Sie, wenn es nötig ist. Spielen Sie den Dialog solange durch, bis die S ihn auswendig können. Im nächsten Schritt kann man zum Skelettdialog übergehen.

⓳ **Alternativen:**

1. Die S können die Bilder als Stillleben darstellen. Wenn sie berührt werden, bewegt sich „das Bild" und fängt an zu sprechen.
2. Bilden Sie Vierergruppen mit Hilfe der Bilder. Die Gruppen bekommen ein paar Minuten, um sich vorzubereiten. Zwei S spielen pantomimisch die Situation vor, die zwei anderen synchronisieren sie. Dann können die Rollen getauscht werden.

DAS KANNST DU SCHON!

Tipp: Diese Zusammenfassung befindet sich am Ende jeder Lektion und kann zum Wiederholen genutzt werden.
1. Die S spielen die Minidialoge in Paaren vor.
2. Wimmelspiel: Notieren Sie die einzelnen Sätze auf Papierstreifen. Abhängig von der Gruppengröße arbeiten die S allein oder in Paaren. Sie bekommen einen beschrifteten Papierstreifen. Auf ein bestimmtes Signal laufen sie im Raum umher und versuchen, ihre Partner zu finden. Es können sowohl Minidialog-Gruppen als auch „thematische" Gruppen (z. B. sich begrüßen) entstehen. Wenn die Gruppen sich gefunden haben, können die Zettel neu verteilt werden, und die Suche beginnt von vorn.

SPIELWIESE: Das *Lied* können Sie mit den Kindern als tägliches Begrüßungslied singen. Als Hörverstehensübung stellen Sie den S Satzkarten mit Begrüßungen und Antworten auf die Frage „Wie geht's?" zur Verfügung. Beim ersten Hören sortieren die S, welche Sätze sie im Lied gehört haben. Beim zweiten Hören können sie den Liedtext rekonstruieren.

3 DAS MACHE ICH GERN

Einstieg:
Die S lernen Aktivitäten und Hobbys kennen. Lassen Sie die S die Bilder betrachten und die Verben lesen. Sie können die Bilder an die Wand / das Whiteboard projizieren. Nennen Sie dann die Aktivitäten und lassen Sie die S die passende Pantomime machen.
Spieltipp: Spielen Sie mit den S Stille Post: Flüstern Sie dem ersten S ein Verb ins Ohr, das er seinem Nachbarn flüsternd weitergibt. Der letzte S sagt laut, was er verstanden hat, oder stellt das Wort pantomimisch dar.
Tipp: Hängen Sie Bilder mit Freizeitaktivitäten im Kursraum auf. Die S stellen sich zu dem Bild, das zu ihnen passt. Dann sagen Sie, was sie gern machen.

Was machst du gern?

Lernziel: S formulieren erste Sätze mit „ich" und „du". Sie geben Hobbys an („Ich ... gern.") und fragen die anderen danach („Was machst du gern?"). Sie lernen auch, sich miteinander zu vergleichen („Du ... gern. Ich auch. / Ich nicht.").

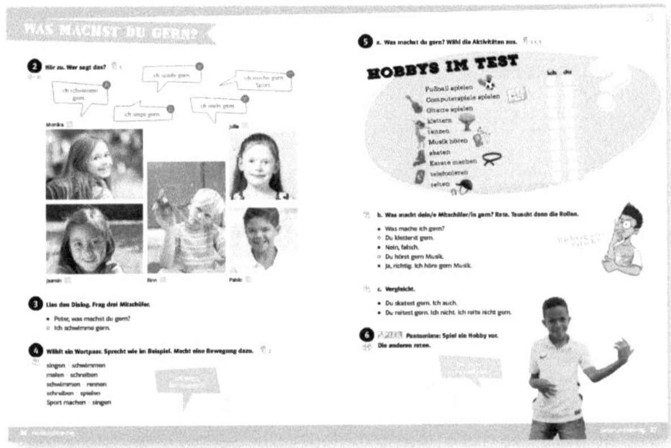

2 Betrachten Sie mit den S die Fotos und fragen Sie, wie die Kinder heißen. Lesen Sie mit den S die Aussagen. Die S können auch Vermutungen äußern, ob eher Mädchen oder Jungen diese Hobbys haben (z. B. „Ich schwimme gern. – Mädchen oder Junge?"). Spielen Sie ***Track 25*** ab. S können ihre Lösungen zuerst in Paaren, dann im Plenum vergleichen.
Differenzierung: Verteilen Sie die Aussagen oder die Namen unter den S. Jeder soll sich beim Hören nur auf eine Aktivität / Person konzentrieren.

3 **Tipp:** Lassen Sie zuerst den Dialog mit den Namen und Hobbys aus Übung 2 durchspielen. Dann können die S im Raum herumlaufen und je drei Mitschüler fragen.

4 **Alternative:** Führen Sie diese Übung als Kettenspiel durch. Bilden Sie mit den S einen Stehkreis. Wählen Sie eine Aktivität aus. Zeigen Sie zuerst auf sich selbst, nennen Sie die Tätigkeit (z. B. „ich schwimme") und machen Sie gleichzeitig die entsprechende Bewegung. Zeigen Sie dann auf einen S und nennen Sie die Tätigkeit, die er zeigen soll (z. B. „du singst"). Jetzt zeigt dieser S auf sich selbst, nennt die Tätigkeit („ich singe") und begleitet sie mit der passenden Bewegung. Es wird so lange gespielt, bis alle an die Reihe gekommen sind. Um zu zeigen, dass jemand schon an der Reihe war, kann man die Arme verschränken.

5 Die S markieren zuerst ihre Hobbys im Test oder sie schreiben die entsprechenden Wörter ins Heft *(a)*. Anschließend führen sie mit ihrem Sitznachbarn das Ratespiel (***5b***) durch. Anhand der Testergebnisse können sie ihre Hobbys vergleichen (***5c***).
Alternative: Schritt b kann auch in der Kugellagerformation durchgeführt werden: Die S sitzen oder stehen sich in einem Innen- und einem Außenkreis gegenüber (Kugellager). Jeder hat ca. eine Minute Zeit zum Ratespiel mit seinem Gegenüber. Dann bewegt sich der Außenkreis zwei Plätze weiter, und der Dialog beginnt von vorn. Lassen Sie einige Paare den Dialog vorspielen.

Tipp: Nach dieser Aufgabe kann der Rap von der ***Spielwiese*** einbezogen werden. Hören Sie sich mit den S den Rap an, sprechen Sie ihn zuerst im Chor und dann mit verteilten Rollen nach, klatschen oder schnippen Sie auch mit.

6 **Alternative:** Scharade spielen. Bereiten Sie Karteikarten mit fünf Verben aus Lektion 3 vor. Die S bilden je nach Gruppengröße zwei bis fünf Gruppen. Jede Gruppe wählt einen Spieler aus, der eine Karte nach der anderen zieht und versucht, innerhalb einer Minute die fünf Verben pantomimisch darzustellen. Wie viele Verben erraten die Gruppenmitglieder?

Meine Hobbys

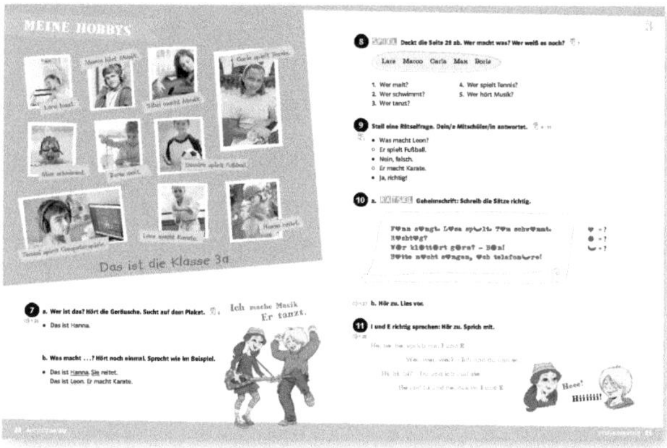

Lernziel: Hier kommt die dritte Person hinzu („er / sie"): Die S lernen über Hobbys von anderen zu berichten bzw. nach Hobbys von anderen zu fragen. Sie lernen die Unterscheidung zwischen den Personalpronomen „er" und „sie". Passend dazu wird spielerisch die Unterscheidung von E- und I-Lauten geübt.

7 Betrachten Sie mit den S das Plakat im KB oder am Whiteboard, bevor sie ***Track 26*** hören. Besprechen Sie mit den S, welche Kinder die Klasse 3a besuchen. Nachdem die S ***7a*** gelöst haben, lesen Sie mit den S die Beispiele in ***7b***. Lassen Sie die S die Regelmäßigkeit bei der Anwendung von „er" und „sie" entdecken. Mädchen in der Gruppe können auf dem Plakat nach Namen suchen, bei denen „sie" verwendet wird, und Jungen suchen nach Namen, bei denen „er" benutzt werden muss. Dann wird ***Track 26*** noch einmal gehört und ***7b*** gelöst.

8 Sie können die Übung im Plenum durchführen, oder die S arbeiten in Paaren. S1 deckt die Bilder ab und S2 stellt Fragen. Dann tauschen sie die Rollen.
Tipp: Man kann die Aufgabe weiterführen und auch nach den anderen Kindern auf der linken Seite fragen.

9 **Alternative:** Diese Übung kann man auch in Kugellagerformation durchführen (s. Aufgabe 5). Zuerst stellen die S im Außenkreis die Fragen, dann tauschen sie die Rollen. Zum Fragen kann man natürlich das KB benutzen.
In ***Übung 9*** im ÜB kommt zum ersten Mal die Satzmaschine vor. Dazu finden Sie eine Kopiervorlage, die Sie immer wieder einsetzen können (***Kopiervorlage 3***). Das Basteln der Satzmaschine erfordert etwas Geschick; die S können sich von ihren Eltern helfen lassen. 3

10 **Tipp:** Nachdem die S die Geheimschrift gelöst und mit Hilfe von ***Track 27*** kontrolliert haben, können sie allein oder in Paaren ähnliche Rätsel für die anderen entwickeln.
An dieser Stelle können Sie das Projekt von der ***Spielwiese*** einbeziehen.

11 Weisen Sie die S auf das Bild hin, sagen Sie „Heee!" und „Hiiiii!", zeigen Sie auf die Mundbewegung. Beim I-Laut ist der Mund breiter. Lassen Sie die S laut „Heee!" und „Hiiiii!" rufen.
Die S hören ***Track 28*** und sprechen den Text zuerst im Chor, dann als Dialog, mit verteilten Rollen nach.

Zahlen

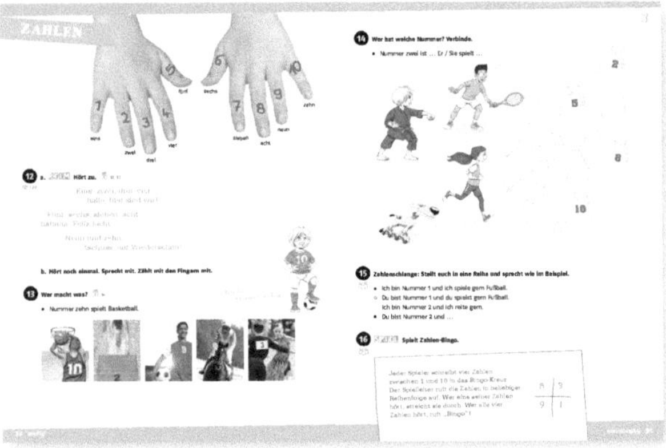

Lernziel: Die S lernen, die Kardinalzahlen von 1 bis 10 auf Deutsch zu benennen und festigen sie in verschiedenen Übungen.

12 **Differenzierung:** Bevor Sie mit dem Reim arbeiten, üben Sie mit den S die Zahlen zuerst von 1 bis 6, dann die
4 anderen. Dazu können Sie Zahlenkarten (***Kopiervorlage 4***) und einen Würfel benutzen. Kopieren Sie für jeden S ein Set von Zahlenkarten. Nennen Sie zuerst die Zahlen von 1 bis 6 der Reihe nach, dann durcheinander. S halten die genannten Zahlen hoch. Sie können anschließend auch die Vorgänger und die Nachfolger der Zahlen nennen. Dann üben sie in Paaren mit einem Würfelspiel. Jedes Paar hat einen Würfel, die S würfeln abwechselnd und sagen die Zahl. Wer die größere Zahl würfelt, bekommt einen Punkt. Es werden sechs Runden gespielt. Wer gewinnt?
S hören ***Track 29*** und sprechen den Reim nach. Außer dem Zählen an den Fingern können S weitere passende Bewegungen zum Reim machen (z. B. winken, lachen).

Spieltipps zu den Zahlen:
1. Die S sitzen im Kreis und machen mit beiden Händen eine Faust. Zuerst stehen Sie in der Mitte und sagen folgenden Reim: „1, 2, 3, 4, 5, 6, 7, 8, 9, 10 – wie viele Finger willst du sehen?" Dabei zählen Sie die einzelnen S der Reihe nach ab, indem Sie bei jeder Zahl auf einen S deuten. Der zehnte S darf sich eine Zahl von 1 bis 10 wünschen. Ruft er z. B. „sechs", strecken alle S sechs Finger aus. Danach wiederholen Sie den Satz, den die S im Kreis jetzt mitsprechen. Der zehnte oder ein freiwilliger S kann Ihre Rolle nach ein paar Runden übernehmen.
2. Ratespiel: Denken Sie sich eine Zahl aus dem Zahlenraum von 1 bis 10. Die S raten nacheinander. Wer die Zahl errät, legt die nächste Zahl fest.
3. Zahlenstaffel: Teilen Sie die S in zwei Gruppen. Die S stellen sich pro Gruppe in einer Reihe hintereinander auf. Schreiben Sie für beide Gruppen die gleiche Anzahl von Zahlen an je eine Seite der Tafel. Jede Gruppe erhält ein Stück farbige Kreide oder einen farbigen Filzstift, die im Verlauf des Spiels wie ein Staffelholz weitergegeben werden: Jedes Mal, wenn Sie eine Zahl nennen, laufen die S der beiden Gruppen, die die Kreide oder den Filzstift haben, zur Tafel, suchen die Zahl und kreisen sie ein. Die schnellere Gruppe bekommt jeweils einen Punkt.

Tipp: An dieser Stelle können Sie das Abschlussbild von der ***Spielwiese*** nachspielen: Zählen Sie rückwärts und machen Sie passende Gesten und Bewegungen (z. B. aus der Hocke langsam hochkommen, Zahlen mit Finger zeigen, bei Start in die Luft springen). Die S zählen und ahmen Ihre Gesten und Bewegungen nach.

5 **13** **Tipp:** Mit einem Satzkarussell (***Kopiervorlage 5***) können weitere Fragen gestellt und beantwortet werden. Malen Sie die Pappscheiben an, oder kopieren Sie sie auf verschiedenfarbiges Papier. Legen Sie die kleine Scheibe auf eine der großen und heften Sie sie in der Mitte mit einer Klammer zusammen. Durch das Drehen der Scheibe können verschiedene Sätze gebildet werden. Die zweite große Pappscheibe enthält weitere Möglichkeiten, um Sätze zu bilden.

⓮ **Tipp:** Die S können eine ähnliche Übung für die anderen S erstellen. Sie können ihre Hobbys zeichnen und mit einem nummerierten Trikot, einem Instrument o. Ä. verbinden.

⓯ **Tipp:** Die S können die genannten Aktivitäten auch mit einer passenden Bewegung begleiten.

⓰ Die S spielen Zahlen-Bingo wie im Buch beschrieben. Vermitteln Sie die Spielanleitung ganz langsam Schritt für Schritt, zeichnen Sie dabei an die Tafel, machen Sie anhand eines Beispiels vor, wie es geht (oder erklären Sie den Ablauf ggf. in der Sprache der S).

PROFISEITE

⓱ Bevor die S die Steckbriefe ergänzen, besprechen Sie mit den S, ob sie chatten. Sie können sie darauf hinweisen, dass das Chatten nur in geschützten Räumen stattfinden sollte.

DAS KANNST DU SCHON!

1. Die S spielen die Minidialoge in Paaren vor.
2. Wimmelspiel: Notieren Sie die einzelnen Sätze auf Papierstreifen. Abhängig von der Gruppengröße arbeiten die S allein oder in Paaren. Sie bekommen einen beschrifteten Papierstreifen. Auf ein bestimmtes Signal laufen sie im Raum umher und versuchen, ihre Partner zu finden. Es können sowohl Minidialog-Gruppen als auch „thematische" Gruppen (z. B. die Zahlen) entstehen. Wenn die Gruppen sich gefunden haben, können die Zettel neu verteilt werden, und die Suche beginnt von vorn.

GRAMMATIK MIT DEN DEUTSCHPROFIS

1. S können den Comic nachspielen.
2. S entnehmen den Sprechblasen die Verben und ordnen sie den Personalpronomen (ich, du, er) zu. Anhand der Beispiele können sie die Regelmäßigkeiten der Verbkonjugation im Präsens entdecken.
3. Sehen Sie sich mit den S den Grammatik-Clip auf der Webseite an. Anschließend besprechen Sie mit den S die Grammatiktabellen im Buch. Stellen Sie die Kärtchen aus der Vorlage (***Satzmodelle L3***) bereit oder lassen Sie sie von den S ausschneiden. Die S können die Sätze mit Hilfe der Vorlage selbst nachlegen. Dabei müssen die Endungen (e, st, t) auf die Verbkarten (Infinitive) gelegt werden. Die Karte „Musik hören" kann zur Bildung von Sätzen zerschnitten werden. L3

Tipp: Zum Einüben der Verbkonjugation können Sie mit den S ein Würfelspiel (***Kopiervorlage 2***) spielen. 2
Beschriftung der Würfel:

Würfel 1: ich, du, Maja, Leo, Felix, Wau

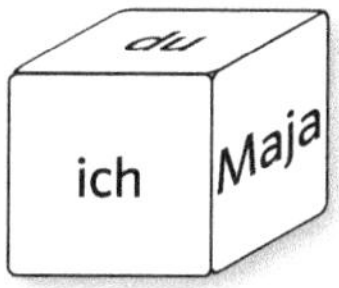

Würfel 2: tanzen, singen, malen, rennen, reiten, Fußball spielen

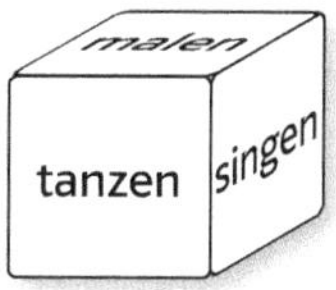

Die S spielen in Gruppen. Es wird mit zwei Würfeln gewürfelt. Aus den gewürfelten Wörtern bilden die Gruppen Sätze, die sie aufschreiben. Wer kann in zwei Minuten mehr richtige Sätze bilden?

4 MEINE FAMILIE

Einstieg:
Die S lernen die Bezeichnungen für die wichtigsten Familienmitglieder und die bestimmten Artikel im Nominativ kennen.

Spieltipps:
1. Zur Einführung der Wörter können Sie Playmobil- oder Legofiguren mitbringen (oder auch Fotos aus Zeitschriften). Verteilen Sie die Figuren unter den S. Nennen Sie die Familienmitglieder. Der S, der die genannte Figur hat, steht auf. Wenn jemand falsch oder nicht reagiert, „wandern" die Figuren eine Person weiter.
2. Zur Festigung der Wörter eignet sich das Obstsalatspiel: Teilen Sie die S in fünf Gruppen (Väter, Mütter, Großväter, Großmütter, Kinder). Die S sitzen im Kreis, Sie stehen in der Mitte. Rufen Sie eins der Familienwörter auf. Alle S, die die Rolle der genannten Figur haben, müssen schnell ihre Plätze tauschen, während Sie sich einen der freigewordenen Plätze sichern. Der S, der keinen Platz mehr hat, muss in die Mitte. Wenn das Wort „Familie" gerufen wird, müssen alle S ihren Platz tauschen.

Familie Klein

Lernziel: Die S lernen die Bezeichnungen für weitere Familienmitglieder (der Onkel, die Tante, die Tochter, der Sohn, das Baby) und für einige Haustiere (der Hase, das Pferd, die Kuh, der Papagei) kennen. Sie machen erste Erfahrungen mit der richtigen Benutzung der bestimmten Artikel.
Die Personalpronomen werden durch „es" und „sie" (Plural) erweitert. Die S entdecken den Zusammenhang zwischen Artikelwort und Personalpronomen selbst. Die farblichen Markierungen helfen bei der Erarbeitung.

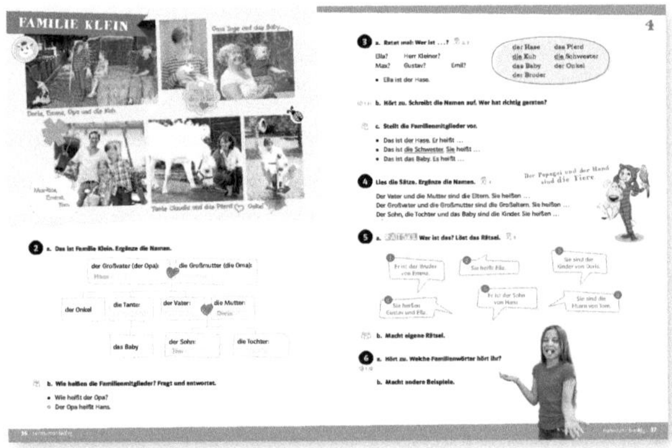

2 Betrachten Sie mit den S die Fotos im KB oder am Whiteboard und stellen Sie Fragen: „Wie heißt der Großvater?", „Wer ist Claudia?" usw. Die S ergänzen anschließend die Namen im Stammbaum.

3 **a.** Lassen Sie zuerst die S in Gruppen raten. Zur Gruppenbildung können Sie die angegebenen Namen (Ella, Max, Herr Kleiner, Gustav, Emil) verwenden.
b. Beim Hören von ***Track 31*** konzentrieren sich die Gruppen nur auf ihren Namen.
Nachdem Sie sich mit den S die Beispiele aus ***3c*** angesehen haben, lassen Sie die S die Wörter aus ***3a*** den Personalpronomen er / sie / es zuordnen. „Er" und „sie" sind aus Lektion 3 bekannt, „es" kommt neu hinzu.
Zur spielerischen Festigung der Wörter kann das akustische Rätsel der ***Spielwiese*** einbezogen werden.

4 Die Aufgabe führt vier Wörter im Plural sowie das Personalpronomen „sie" im Plural ein (weitere Pluralformen erst in Lektion 6). Machen Sie die S darauf aufmerksam, dass der Stammbaum in Aufgabe 2 bei der Lösung helfen kann.
Spieltipp: Verteilen Sie die Rollen (Vater, Mutter, Opa, Oma, Onkel, Tante, Tochter, Sohn, Baby, Hase, Pferd, Kuh, Papagei, Hund) mit Hilfe von Zetteln. Spielen Sie Musik ab. Solange die Musik spielt, gehen die S im Klassenraum herum und tauschen ihre Zettel aus. Wenn Sie die Musik stoppen, bleiben die S stehen und behalten den

Zettel, den sie gerade in der Hand haben. Nennen Sie jetzt einen Oberbegriff (Eltern / Großeltern / Kinder / Tiere). Diejenigen, die zu dieser Gruppe gehören, bleiben stehen. Die anderen müssen sich so schnell wie möglich hinsetzen. Wenn die Musik wieder erklingt, setzen die S ihren Spaziergang im Raum fort und tauschen die Zettel weiter aus, bis die Musik wieder gestoppt wird.
Anschließend können die S die neuen Wörter und die neuen Strukturen in einem Wechselspiel üben (***Kopiervorlage 6***). 6

5 **Alternative:** Sie können das Ratespiel auch als Wettbewerb in Gruppen durchführen. Die Gruppe, die zuerst eine Sechs würfelt, beginnt. Dann würfeln die Gruppen nacheinander und versuchen, die Frage zu beantworten, deren Zahl sie gewürfelt haben. Für jede richtige Antwort bekommt die Gruppe einen Punkt. Für falsche Antworten werden Punkte abgezogen. Wenn eine Frage gewürfelt wird, die schon richtig beantwortet ist, ist die nächste Gruppe dran.
Tipp: Die Satzmodelle können die S mit der Satzmaschine (***Kopiervorlage 3***) einüben. Dazu müssen die Papierstreifen beschriftet werden (S1: Er / Sie, S2: ist / sind / heißt / heißen, S3: der Bruder von Emma / der Sohn von Hans / die Eltern von Tom / die Kinder von Doris / Ella / Gustav und Ella). 3

6 **Alternativen:**
1. Die S stellen sich in zwei Reihen auf. Schreiben Sie die Namen der Familienmitglieder, die im ***Track 32*** vorkommen, sowie einige andere (z. B. die Oma, der Opa, der Onkel, die Tante) auf Wortkarten und heften Sie sie an die Tafel. Spielen Sie die Namen von ***Track 32*** einzeln ab. Welche Gruppe findet zuerst die passende Wortkarte?
2. Die S versuchen, zuerst die Wörter von Ihren Lippen abzulesen. Dann übernimmt ein S Ihre Rolle. Es können alle bekannten Familienwörter benutzt werden.
3. Ein S verlässt den Raum. Die anderen bestimmen ein Familienmitglied, dessen Namen sie nach Silben trennen (z. B. On-kel). Da dieses Wort aus zwei Silben besteht, wird die Klasse in zwei Gruppen eingeteilt. Wenn der S wieder reinkommt, geben Sie ein Signal. Die erste Gruppe ruft „On-“, die zweite ruft gleichzeitig „-kel“. Der S soll erraten, an welches Wort die Klasse gedacht hat. Jeder S hat drei Versuche.

Ja oder nein?

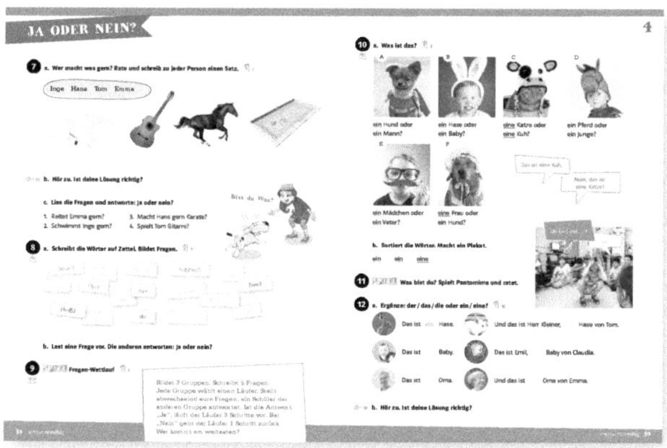

Lernziel: Die S lernen die unterschiedlichen tageszeitabhängigen Begrüßungsformen und ihre richtige Anwendung kennen. Auch das variiert stark von Land zu Land.

7 **a. Differenzierung:** Schreiben Sie die Wörter wie in Übung 8a auf Zettel (Inge, Tom, Hans, Emma, macht Karate, reitet, schwimmt, spielt Gitarre, 4 x gern, sehr) und heften Sie sie als Hilfe an die Tafel. Nachdem die S ***Track 33*** gehört haben, bringen sie die Wortkarten in die richtige Reihenfolge.
c. Als Weiterführung können die S weitere Fragen in Gruppen entwickeln. Welche Gruppe schreibt in zwei Minuten mehr Fragen auf? Dann fragen die S einander in einem Kettenspiel.

8 **a. Alternative:** Jeder S zieht eine Wortkarte. Die S laufen im Raum herum und versuchen, ihre Partner zu finden, mit denen sie einen Satz bilden können. Wenn sich die „Satzglieder“ gefunden haben, stellen sie sich als Satz auf. Am Ende entscheiden die anderen, welcher Satz richtig ist. Wenn die Karten nicht farbig sind, ist die Aufgabe schwieriger.

L4 Anschließend können die S anhand der Wortkarten und / oder der ***Satzmodelle*** (***Profiseite***) und des Grammatik-Clips im Internet die Regelmäßigkeiten in der Bildung von Ja- / Nein-Fragen und Antworten entdecken. Danach üben sie die richtige Satzmelodie von Ja- / Nein-Fragen und Aussagesätzen in ***Aufgabe 21*** ein.

10 **a. Tipp:** Die S können ähnliche Fotos, z. B. aus Zeitschriften, mitbringen und darüber in Paaren diskutieren.
b. Alternative: Geben Sie den drei Ecken des Raumes einen Namen: „ein" (in Blau), „ein" (in Grün) und „eine" (in Rot). Schreiben Sie die Artikel auf entsprechend große Zettel und hängen Sie sie in den Ecken auf. Die S bekommen die Wörter aus ***a*** auf kleinen Zetteln und entscheiden, zu welchem unbestimmten Artikel sie gehören. Sie gehen in die entsprechende Ecke. Die S, die sich in derselben Ecke versammelt haben, vergleichen ihre Wörter und entscheiden, ob alle in der richtigen Ecke sind. Sie kleben ihre Wörter um ihren unbestimmten Artikel herum oder gestalten ein Lernplakat.

11 **Tipp:** Als Hilfe können Sie Rollenkarten bereitstellen (z. B. ein Hase, ein Baby, eine Oma).

12 **a.** Abgrenzung des bestimmten und unbestimmten Artikels: Die S arbeiten zuerst allein, dann vergleichen sie ihre Lösung mit der des Sitznachbarn. Sie können einander auch beraten.

Mein oder dein?

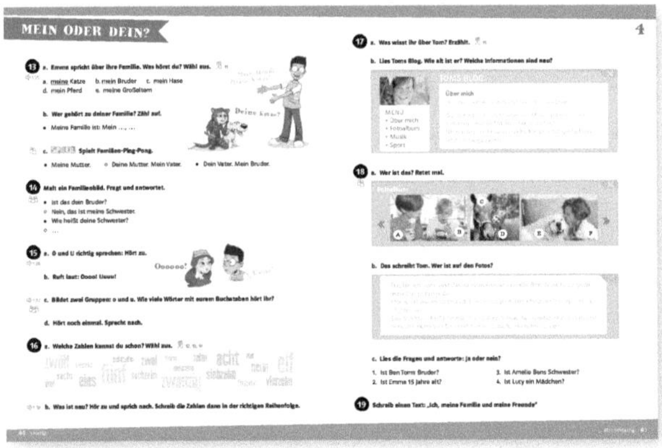

Lernziel: Der Kreis der Artikelwörter wird um die Possessivartikel „mein" und „dein" im Nominativ erweitert. Auch die Unterscheidung von O- und U-Lauten wird spielerisch geübt.
Zum Abschluss der Lektion lesen und schreiben die S einen ersten kleinen Text zum Thema Familie und Freunde.

13 **a. Differenzierung:** Die S arbeiten in Paaren oder in Gruppen. Sie bekommen die Wörter auf Wortkarten und sortieren sie während des Hörens von ***Track 35*** in zwei Gruppen: gehört / nicht gehört. Anschließend gruppieren sie die Wortkarten nach den Possessivartikeln „mein" (in Blau), „mein" (in Grün) und „meine" (in Rot). Sie entdecken die Regelmäßigkeit (mein / der, das; meine / die). Dann wählen sie die Wortkarten aus und ergänzen eigene Karten, die sie zur Vorstellung ihrer Familie brauchen und lösen ***b***.

14 **Tipp:** Die S können das Familienbild zu Hause anfertigen und mitbringen. Die S arbeiten in Gruppen und schauen sich die selbst gemalten Bilder an. Sie sammeln Fragen zu den Bildern. Dann führen sie die Dialoge miteinander.

15 Weisen Sie die S auf das Bild hin, rufen Sie „Oooo!" und „Uuuu!", zeigen Sie auf die Lippenstellung. Beim U-Laut werden die Lippen noch runder.

Die S hören ***Track 36*** und sprechen die Zeilen abwechselnd nach. Sie können den Text dafür an die Tafel schreiben (***Transkriptionen***, ***Track 36***). Dann hören sie ***Track 37*** und signalisieren z. B. durch Aufstehen, wenn sie ein Wort gehört haben, in dem ihr Vokal zu hören ist.

16 Weiterführung der Zahlen: Nachdem die S die schon gelernten Zahlen markiert haben, betrachten sie die übrigen Wörter. Hat jemand einen Tipp, was sie bedeuten? Gibt es Wortteile, die ihnen bekannt vorkommen? Die S ordnen dann die bekannten und die neu entdeckten Zahlen in der richtigen Reihenfolge. Danach hören sie ***Track 38***.
Zur Festigung der Zahlen können die S das Spiel Zahlenreihe von der ***Spielwiese*** spielen.

17 Sammeln Sie mit den S in einem Assoziogramm (Wortigel), was sie schon über Tom wissen. Sie können mit den S darüber sprechen, was ein Blog ist, ob sie selbst einen Blog schreiben oder ob sie Blogs lesen. Führen Sie die Frage „Wie alt ist …?" ein. Dann lesen die S Toms Blog und suchen nach neuen Informationen, die sie markieren oder in ihrem Heft ergänzend zum Wortigel notieren.

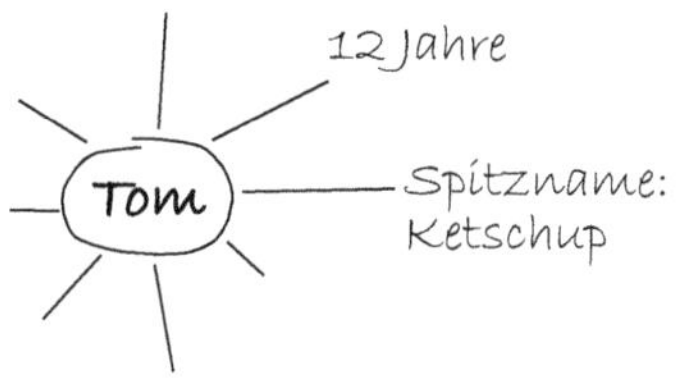

18 Die S äußern zuerst in Paaren oder in Gruppen ihre Ideen zu den Fotos, erst danach lesen sie, was Tom über die Fotos geschrieben hat. Nach dem Lesen vergleichen sie ihre Lösungen mit den Beschreibungen.

19 Toms Blog dient als Modell zum eigenen Schreiben: Die S schreiben einen ähnlichen Blogartikel über sich, ihre Familie und ihre Freunde und versehen den Text mit Bildern oder Fotos.
Tipp: Bevor die S frei über sich schreiben, können Sie ihnen als Hilfestellung zum Schreiben die Cluster-Technik vorstellen. Das Cluster dient als kreative Arbeitstechnik der Ideenfindung und der Visualisierung von Gedanken: Schreiben Sie den Schlüsselbegriff in die Mitte der Tafel und kreisen Sie ihn ein (z. B. „ich"). Schreiben Sie die spontanen Assoziationen der S um den Schlüsselbegriff herum auf. Diese Assoziationen können wieder neue Schlüsselbegriffe ergeben, die miteinander verbunden werden. So entsteht eine netzartige Skizze aus Ideen, die das Schreiben erleichtert.

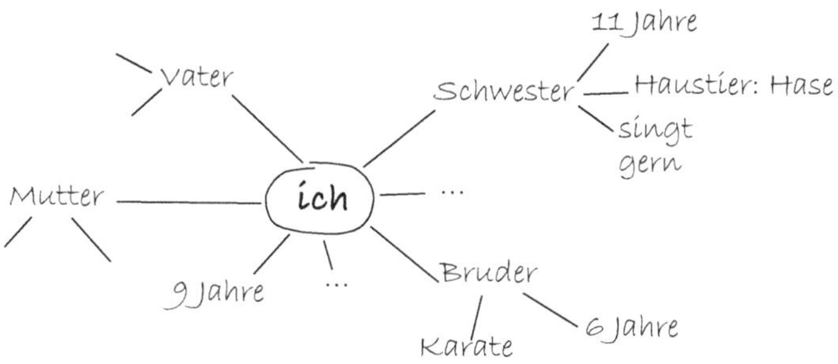

An dieser Stelle kann das Projekt der ***Spielwiese*** einbezogen werden.

DAS KANNST DU SCHON!

1. Die S spielen die Minidialoge in Paaren vor.
2. Wimmelspiel: Notieren Sie die einzelnen Sätze auf Papierstreifen. Abhängig von der Gruppengröße arbeiten die S allein oder in Paaren. Sie bekommen einen beschrifteten Papierstreifen. Auf ein bestimmtes Signal laufen sie im Raum umher und versuchen, ihre Partner zu finden. Es können sowohl Minidialog-Gruppen als auch „thematische" Gruppen (z. B. die neuen Zahlen) entstehen. Wenn die Gruppen sich gefunden haben, können die Zettel neu verteilt werden, und die Suche beginnt von vorn.

5 DAHER KOMME ICH

Einstieg:

Die S lernen die Ländernamen der deutschsprachigen Länder kennen und geben die eigene Herkunft an („Ich komme aus …"). Fragen Sie die S zu Beginn, in welchen Ländern man Deutsch spricht.

Falls das Buchstabenrätsel den S Schwierigkeiten bereitet, können Sie die Namen der Länder auf Deutsch nennen. Betrachten Sie dann mit den S die Landkarte im KB oder am Whiteboard und lassen Sie die S die Ländernamen aus den angegebenen Buchstaben zusammensetzen.

Nachdem die S *Track 42* zur Kontrolle gehört haben, besprechen Sie mit ihnen, wie ihr Land auf Deutsch heißt. Danach können die S ihre Herkunft angeben.

Schreiben Sie die gelernten Ländernamen auf Zettel. Lassen Sie die S einen Zettel ziehen. Dann laufen die S im Raum herum. Sie fragen einander nach ihrer Herkunft. Die S, die laut Zettel aus demselben Land kommen, müssen sich zusammenfinden.

Kinder in D-A-CH

Lernziel: Zur Angabe der Herkunft kommen nun weitere persönliche Angaben hinzu (Wohnort, Alter, Sprachen, Hobbys). Die S können nach den Angaben fragen und auf die Fragen antworten. Zum Abschluss führen sie ein Interview. Sie lernen dabei erste unregelmäßige Verben kennen.

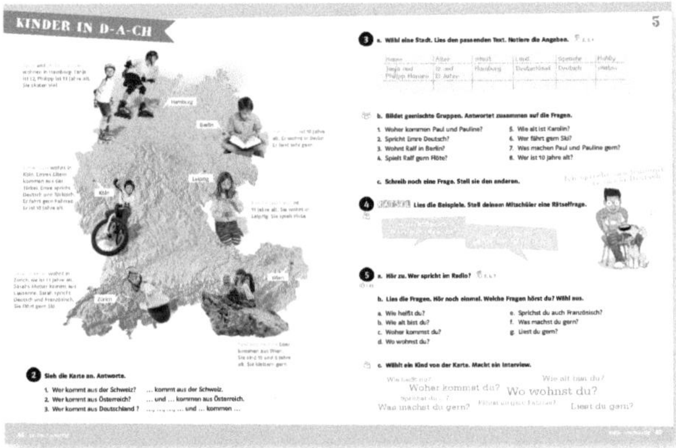

2 **Tipp:** Bevor Sie das Bild der deutschsprachigen Länder im KB betrachten, sammeln Sie mit den S, welche Städte sie aus D-A-CH kennen und wie diese in ihrer Muttersprache
7 heißen. Spielen Sie dann mit ihnen Städtepuzzle (***Kopiervorlage 7***).
Auf der Karte im KB finden die S die Städte aus dem Städtepuzzle wieder. Ordnen Sie zuerst mit den S die Städtenamen den Ländern zu. Teilen Sie die S nach den Städtenamen in fünf Paare / Gruppen (außer Hamburg, das Sie als Beispiel nehmen können). Dann beantworten die S die Fragen.

Anschließend besprechen Sie mit den S, wann man in den Antworten „kommt" bzw. „kommen" benutzt. Weisen Sie darauf hin, dass nach dem Fragepronomen „wer" immer „kommt" stehen muss und in den Antworten vor den Ländernamen immer die Präposition „aus" steht.

3 Die S übertragen die Tabelle in ihr Heft. Sie arbeiten in denselben Paaren / Gruppen wie zuvor. Sie lesen ihren Text und ergänzen die Tabelle mit den fehlenden Angaben. Dabei konzentrieren sie sich nur auf die Person, die aus der Stadt kommt, die sie vorher gezogen haben. Danach bilden sie gemischte Gruppen, sodass es für jede Stadt einen „Experten" gibt, der die Frage im Buch beantworten kann. Die S können die Tabelle weiterführen und gemeinsam für alle Texte vervollständigen. Es lohnt sich, mit den S einen Fragenkatalog zusammenzustellen, den Sie an der Tafel / auf einem Poster schriftlich festhalten (z. B. Wie alt ist …? Wo wohnt / wohnen …? usw.).

❹ Lesen Sie zuerst mit den S die Rätsel. Besprechen Sie mit ihnen, wie die Rätsel aufgebaut sind (die Frage kommt zuletzt). Lassen Sie die S in Paaren oder in Gruppen Rätsel erstellen, die sie dann untereinander austauschen können.
Im Anschluss daran können Sie auf die unregelmäßigen Verben „spricht", „ fährt", „liest" eingehen.

❺ In ***a*** sollen die S nur erkennen, welches der vorgestellten Kinder spricht. In ***b*** lernen die S mögliche Interviewfragen kennen und wenden diese in ***c*** an.
Differenzierung:
1. Schreiben Sie die Fragen aus ***5b*** auf Zettel. Lassen Sie die S in Paaren je einen Zettel ziehen. Sie konzentrieren sich beim Hören (***Track 43***) nur auf diese Frage.
2. In ***5c*** können Sie als Beispiel ein Interview mit den S gemeinsam machen.
Anschließend betrachten Sie mit den S den passenden Grammatikteil (***Grammatik mit den Deutschprofis***), den die S auch nachspielen können. S können das „Rückwärts-Sprechen" auch mit anderen Sätzen ausprobieren. Lassen Sie dann die S die Regel für den Vokalwechsel im Plenum formulieren.
An dieser Stelle können auch die Reime von der ***Spielwiese*** eingesetzt werden.

Autos, Städte, Zahlen

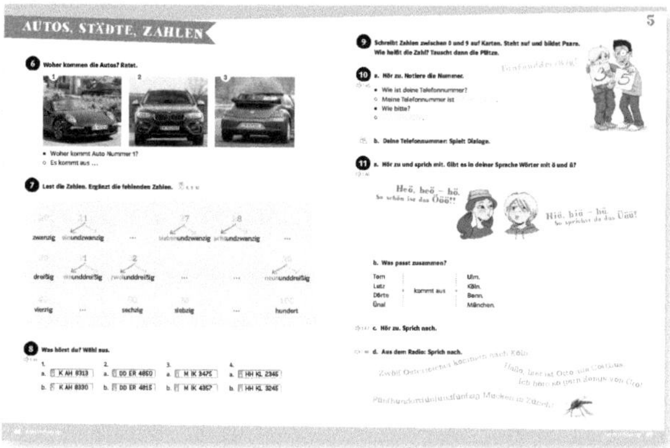

Lernziel: Die Kardinalzahlen werden bis 100 weitergeführt und in verschiedenen Kontexten eingesetzt: Die S arbeiten mit Autokennzeichen aus den D-A-CH-Ländern und erfragen bzw. nennen Telefonnummern („Wie ist deine Telefonnummer?" „Meine Telefonnummer ist ...").
Nachdem sich die S in Lektion 4 mit den Lauten O und U vertraut gemacht haben, fokussieren sie nun die Laute Ö und Ü.

❻ Aufgrund der vorangegangenen Texte können die S die Städte erraten.
Tipp: Besprechen Sie mit den S, welche deutschen Automarken (z. B. Audi, BMW, Mercedes, Opel, Porsche, Volkswagen) sie kennen. Sie können den S erklären, wie Autokennzeichen in Deutschland, in Österreich und in der Schweiz aufgebaut sind.
D-A-CH-Info: Auf dem deutschen Kennzeichenschild stehen das Symbol für die Europäische Union (EU), die Buchstaben, die angeben, aus welcher Stadt bzw. aus welchem Landkreis das Auto kommt, und das Wappen des jeweiligen Bundeslandes.
Das Autokennzeichen in Österreich ist ähnlich: Auf dem Schild stehen das Länderkennzeichen A mit Sternen, ein oder zwei Buchstaben, die den Bezirk angeben, aus dem das Auto kommt, und das Wappen des jeweiligen Bundeslandes.
Die Autokennzeichen in der Schweiz beginnen mit dem Wappen der Schweiz (ein weißes Kreuz auf rotem Grund). Zwei Buchstaben und das Wappen geben den Kanton an, in dem das Auto angemeldet wurde.

❼ Im Buch wird die Bildung der Zahlen bis 100 veranschaulicht. Schreiben Sie die Beispiele an die Tafel und analysieren Sie diese mit den S. Dann ergänzen die S die fehlenden Zahlen und schreiben die Zahlenreihen in ihr Heft.

Tipps zur spielerischen Festigung der Zahlen:
1. Tabu-Zahl: Die S stellen sich im Kreis auf. Zuerst wird eine Tabu-Zahl bestimmt, und dann wird reihum gezählt. Beginnen Sie mit der 1. Beim Zählen gilt folgende Regel: Jede Zahl, in der die Tabu-Zahl (z. B. 3) vorkommt, wird mit dem Wort „Deutschprofis" ersetzt („Eins, zwei, Deutschprofis, vier" usw.).
2. Zahlen-Raten: Schreiben Sie eine Zahl verdeckt an die Tafel, sodass die S sie nicht sehen können. Nennen Sie den Bereich, in dem die Zahl liegt: 20–30, 20–40 oder 50–100 usw. Teilen Sie die Klasse in zwei Gruppen. Jede Gruppe darf abwechselnd raten. Dabei ist es wichtig, dass die S einander gut zuhören und keine Zahl ein zweites Mal nennen. Sagen Sie immer, ob die Zahl *zu hoch* oder *zu niedrig* war. Die Gruppe, die die Zahl errät, bekommt zwei Pluspunkte, jede Gruppe die eine Zahl ein zweites Mal nennt, bekommt einen Minuspunkt.
3. Zahlen-Nachbarn: Nennen Sie zuerst eine Zahl. Wer von den S am schnellsten die richtigen Zahlen-Nachbarn angibt, darf die nächste Zahl nennen.
4. Zahlen-Bingo: Ähnlich wie in Lektion 3/16 beschrieben, aber das Zahlenfeld kann vergrößert werden. Jeder S malt ein Quadrat mit 3x3 Feldern in sein Heft und schreibt in jedes Feld eine Zahl zwischen 20–30, 20–40 usw. Nennen Sie nacheinander Zahlen aus diesem Bereich. Wer die genannte Zahl in sein Zahlenfeld geschrieben hat, kreuzt diese an. Wer als Erster alle Zahlen in einer Reihe angekreuzt hat, ruft „Bingo" und hat gewonnen. (Später kann das Rechteck auf 4 x 4 oder 5 x 5 Felder ausgeweitet werden, dementsprechend wird auch der Zahlenumfang größer.)

8 **Differenzierung:** Schreiben Sie die Nummernschilder auf Zettel. Lassen Sie die S in Paaren je ein Zettelpaar ziehen. Sie konzentrieren sich beim Hören (***Track 44***) nur auf dieses Schild.

9 Demonstrieren Sie das Spiel anhand der Abbildung mit zwei Kärtchen, auf die Sie 3 und 5 schreiben. Halten Sie die Karten hoch oder geben Sie sie zwei S in die Hand. Welche Zahl ist das? Drehen Sie die Reihenfolge um und lassen Sie auch diese Zahl nennen. Dann spielen die S selbst. Sie können sich im Raum frei bewegen und sich immer wieder neue Partner suchen.
An dieser Stelle kann das Spiel „Tabu-Zahl" der ***Spielwiese*** gespielt werden.

10 **a.** Machen Sie die S vor dem Hören darauf aufmerksam, dass die deutschen Telefonnummern im Hörtext in Zweiergruppen angegeben werden. Die S hören ***Track 45*** und notieren die gehörte Telefonnummer (67-77-18). Der Hörtext dient als Modell für einen eigenen Dialog in b. Am Anfang kann noch das Buch zu Hilfe genommen werden.
8 **b. Alternative:** Jeder S bekommt eine blanko Visitenkarte (***Kopiervorlage 8***). Die S füllen die Karten mit Fantasienamen und Fantasietelefonnummern aus. Dann laufen sie im Raum umher und fragen einander wie im Beispieldialog. Jeder notiert alle von ihm erfragten Telefonnummern in der Liste. Am Ende werden die Nummern im Plenum verglichen. Wenn gewünscht, kann man an dieser Stelle auch eine reale Kursliste mit Namen und Telefonnummern erstellen.

11 Weisen Sie die S auf das Bild hin, rufen Sie „Ööö!" und „Üüü!", zeigen Sie auf die Mundbewegung. Beim Ü werden die Lippen noch runder.
Die S hören ***Track 46*** und sprechen den Text zuerst im Chor, dann als Dialog, mit verteilten Rollen nach. Dann suchen die S die Paare in ***b***, hören ***Track 47*** und sprechen die Sätze nach. Nach ***Track 48*** sprechen sie die Zungenbrecher nach. Wer kann sie am schnellsten aufsagen?

Berühmt in D-A-CH

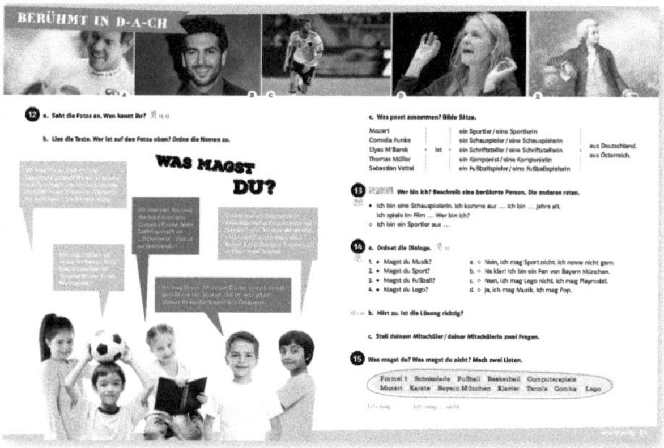

Lernziel: Die S lernen berühmte Persönlichkeiten aus den D-A-CH-Ländern kennen und erfragen bzw. nennen Vorlieben („Magst du Musik?" „Ich mag Fußball."). Sie lernen das unregelmäßige Verb „mögen" und die Verneinung mit „nicht" kennen.

12 Betrachten Sie mit den S die Fotos im KB oder projizieren Sie sie an die Wand / das Whiteboard. Wen kennen die S? Dann lesen die S die Texte und bringen sie mit den Fotos in Verbindung.
Tipp: Machen Sie die S darauf aufmerksam, dass sie nicht jedes Wort kennen müssen, um den Text zu verstehen und die Aufgabe zu lösen. Anschließend besprechen Sie mit den S, welche Wörter ihnen beim Verstehen geholfen haben.
Differenzierung: Die S arbeiten in Paaren oder in Gruppen. Jedes Paar/jede Gruppe beschäftigt sich nur mit einem Text. Die S markieren im Text Wörter, die ihnen beim Verstehen geholfen haben. In ***12c*** stellen die S die Person vor, die zu ihrem Text passt.
Anschließend betrachten Sie mit den S den passenden Grammatikteil (***Grammatik mit den Deutschprofis, der Maler – die Malerin***). Lassen Sie dann die S die Regel im Plenum formulieren.
Zu Übung 11 im ÜB können Sie die Satzmaschine einsetzen. (***Kopiervorlage 3***) 3

13 **Differenzierung:** Die S beschreiben die gewählte Person in Paaren oder in Gruppen.
An dieser Stelle kann das Projekt der ***Spielwiese*** durchgeführt werden.

14 Die Minidialoge führen die Verneinung mit „nicht" ein.
Tipp: Für ***14c*** ist das bereits bekannte Kugellager gut geeignet. Sie können aber auch vier S bestimmen, die je eine Ecke im Raum und eine Frage bekommen. Die anderen gehen im Raum herum. Die vier S versuchen, in einer Minute alle zu finden, die auf ihre Fragen mit Ja antworten. Wer mit Ja geantwortet hat, wird als „Beute" in die richtige Ecke begleitet.

15 Die S stellen zuerst ihre Listen zusammen. Dann interviewen sie einander entweder im Kugellager, oder sie suchen nach S, die mindestens fünf derselben Vorlieben haben wie sie. Anschließend können die S anhand der ***Satzmodelle*** (***Profiseite***) und des Grammatik-Clips die Regelmäßigkeiten entdecken und den richtigen Satzbau üben. L5

DAS KANNST DU SCHON!

1. Die S spielen die Minidialoge in Paaren vor.
2. Wimmelspiel: Notieren Sie die einzelnen Sätze auf Papierstreifen. Je nach Gruppengröße arbeiten die S allein oder in Paaren. Sie bekommen einen beschrifteten Papierstreifen. Auf ein bestimmtes Signal laufen sie im Raum umher und versuchen, ihre Partner zu finden. Es können sowohl Minidialog-Gruppen als auch „thematische" Gruppen (z. B. die neuen Zahlen) entstehen. Wenn die Gruppen sich gefunden haben, können die Zettel neu verteilt werden, und die Suche beginnt von vorn.

6 MEINE SCHULSACHEN

Einstieg:
Die S lernen, wie die Schulsachen auf Deutsch heißen. Sie lernen, nach einem unbekannten Wort zu fragen („Wie heißt das auf Deutsch?"). Betrachten Sie mit den S das Foto im Kursbuch oder am Whiteboard. Spielen Sie ***Track 50*** ab. Nachdem die S beim ersten Hören mitgezeigt haben, was sie gehört haben, sprechen sie beim zweiten Hören die Wörter nach. Vor dem Ratespiel in ***b*** können die Wörter noch einmal gehört und gesummt werden, um gleichzeitig den richtigen Wortakzent zu festigen. Die S üben so die neuen Wörter spielerisch ein (***Track 51***).

Spieltipps: Die neuen Wörter können mit allen Sinnen gelernt werden.
1. Sammeln Sie von den S die im Buch gezeigten Schulsachen ein. Lassen Sie sie diese nach dem bestimmten Artikel in drei Gruppen sortieren.
2. Ein S verlässt den Raum. Die anderen verstecken einen Gegenstand im Raum. Der S kommt wieder rein und macht sich auf die Suche. Wenn er sich dem Versteck nähert, ruft die Klasse den Namen des Gegenstands ganz laut; wenn er sich entfernt, rufen sie ganz leise. Das geht so lange, bis er den Gegenstand gefunden hat.
3. Geräuscheraten: Die S spielen in Paaren. Einem S werden die Augen verbunden. Der andere wählt einen Gegenstand und macht mit ihm ein Geräusch. Der S mit den verbundenen Augen soll erraten, was es ist. Dann tauschen sie die Rollen.
4. Schulsachen fühlen: Ein Gegenstand wird unter einem Tuch versteckt und soll durch Tasten erraten werden. Spielen Sie zuerst im Plenum, dann können die S auch in Paaren üben.

Mein Füller ist blau

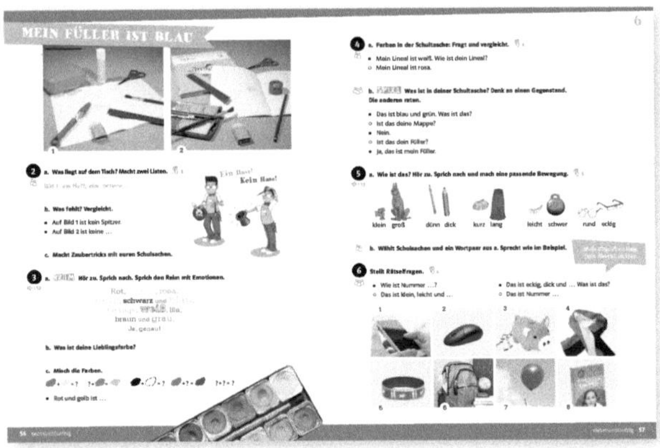

Lernziel: Die Doppelseite führt erste Adjektive ein: Farben und Eigenschaften, mit denen man die Schulsachen beschreiben kann. Die Verneinung mit dem Negativartikel (kein, keine) wird eingeführt.

2 **a. Alternative:** Betrachten Sie mit den S eine Minute lang das erste Bild. Lassen Sie die S das Bild dann abdecken. Die S sollen aufzählen, welche Schulsachen auf dem Tisch liegen. Das Gleiche machen Sie mit Bild 2.
b. Vor dem Vergleich zeigen Sie Beispiele für die richtige Anwendung der Negativartikel. Nehmen Sie z. B. einen Gegenstand aus einem Mäppchen: „Hier ist ein Bleistift." Suchen Sie in einem anderen Mäppchen: „Hier ist kein Bleistift."
c. Weisen Sie auf die Illustration hin: „Ein Hase, kein Hase!" Das Bild soll die S inspirieren, ihre Schulgegenstände geschickt verschwinden zu lassen.
Tipp: Zaubertricks sind lustiger, wenn die S dabei Zaubersprüche aufsagen wie z. B. „Simsalabim", „Abrakadabra" und „Hokuspokus Fidibus, dreimal schwarzer Kater!". Wenn etwas verschwinden soll, eignet sich folgender Spruch: „Schlangenei und Krötendreck, was hier grad war, das ist jetzt weg!" Und wenn etwas wieder auftauchen soll, kann man diesen Zauberspruch nehmen: „Katzendreck und Eulenschrei, was verschwunden ist, kommt schnell herbei!"

3 **a.** Wählen Sie elf Freiwillige aus und teilen Sie unter ihnen Filzstifte in den genannten Farben aus. Beim Aufsagen des Reimes (***Track 52***) zeigt jeder den Filzstift, den er in der Hand hat, und nennt seine Farbe. Das Wort „und“ sowie den Satz „Ja, genau!“ sprechen die anderen S im Chor.
Legen Sie dann die Filzstifte in der Reihenfolge auf den Boden, wie sie im Reim genannt werden. Wiederholen Sie mit den S den Reim mehrmals. Nehmen Sie nach jeder Wiederholung einen Filzstift weg. Zum Schluss können die S den Reim mit entsprechenden Farbstiften ins Heft abschreiben.
Spieltipps zu den Farben:
1. Kim-Spiel mit Farben: Legen Sie farbige Papierstreifen auf den Boden. Die S nennen zuerst die Farben. Decken Sie dann die Papierstreifen mit einem Tuch ab und nehmen Sie eine Farbe weg. Die S finden nun heraus, welche Farbe fehlt. Es können auch mehrere oder gar kein Streifen weggenommen werden.
2. Das Farbeneck: Jede Zimmerecke erhält ein Farbentuch und wird so zur roten Ecke usw. Sie geben die Bewegungen vor: Alle Kinder hüpfen auf einem Bein, springen, krabbeln, laufen auf allen vieren usw. Das machen sie so lange, bis Sie rufen: „Alle Kinder springen fein in das grüne / rote / gelbe / blaue Farbeneck hinein.“ Die Kinder versuchen, in ihrer Bewegungsart so schnell wie möglich in die jeweilige Ecke zu kommen.
3. Stille Post mit Farben: Ein S flüstert seinem Nachbarn eine Farbe ins Ohr, dieser flüstert sie dem nächsten Nachbarn weiter etc. Der letzte S sucht im Zimmer einen Gegenstand mit der genannten Farbe und legt ihn in die Mitte.
4. Farb-Reaktionsspiel: Die S sitzen im Kreis und prägen sich die Farben ihrer Kleidung ein. Sie stehen in der Mitte und nennen eine Farbe, z. B. „blau“. Alle S, die ein blaues Kleidungsstück tragen oder irgendwo einen blauen Fleck oder blauen Streifen auf der Kleidung haben, müssen schnell aufstehen und in die Luft springen.
b. Die S laufen im Raum herum und fragen einander nach ihrer Lieblingsfarbe. Diejenigen, die die gleiche Lieblingsfarbe haben, bilden eine Gruppe.
c. Tipp: Wenn es möglich ist, lassen Sie die S beim Mischen mit richtigen Wasserfarben experimentieren.
An dieser Stelle können die S ein Bild der Deutschprofis ausmalen – Malen nach Zahlen (***Kopiervorlage 9***). 9

4 Bevor Sie die Übung ***4a*** mit den S als Kettenspiel durchführen, lassen Sie die S in ihrer Schultasche etwas suchen, was die von Ihnen angegebene Farbe hat: „Zeigt mir etwas aus der Schultasche, was blau / rot / gelb / … ist!“ Dann üben die S in Paaren. Machen Sie sie auf die richtige Anwendung der Possessivartikel (dein / deine) aufmerksam.

5 **Spieltipps zu Eigenschaften:**
1. Domino: Die S spielen zu zweit Eigenschaften-Domino (***Kopiervorlage 10***). Die Karten werden verteilt, und ein S legt die START-Karte auf den Tisch. Der andere S schaut, ob er eine passende Karte hat, und legt sie an. Kann er nicht, so ist der erste wieder an der Reihe. Wer zuerst keine Karte mehr hat, hat gewonnen. 10
2. „Ich sehe was, was du nicht siehst“: Legen Sie mehrere Schulsachen auf den Tisch. Wählen Sie einen Gegenstand aus, den Sie nicht nennen, sondern nur beschreiben: „Ich sehe was, was du nicht siehst, und das ist groß / rund / leicht … Was ist das?“ Wer es errät, sucht sich den nächsten Gegenstand aus. Man kann das Spiel auch schwerer machen, indem man sich einen Gegenstand im Raum aussucht. Die S müssen raten, was gemeint ist.

6 **Tipp:** Lassen Sie die S ihre Rätselfragen auf Zettel schreiben. Die Zettel kommen in die Mitte. Die S spielen in zwei Gruppen gegeneinander. Sie ziehen abwechselnd eine Frage und beantworten diese. Ist die Antwort richtig, bekommt die Gruppe einen Punkt. Die Gruppe, die am Ende die meisten Punkte hat, hat gewonnen.
Alternative: Die S können ähnliche Bilder mitbringen und dazu Rätselfragen formulieren.

Das Dingsda ist rund

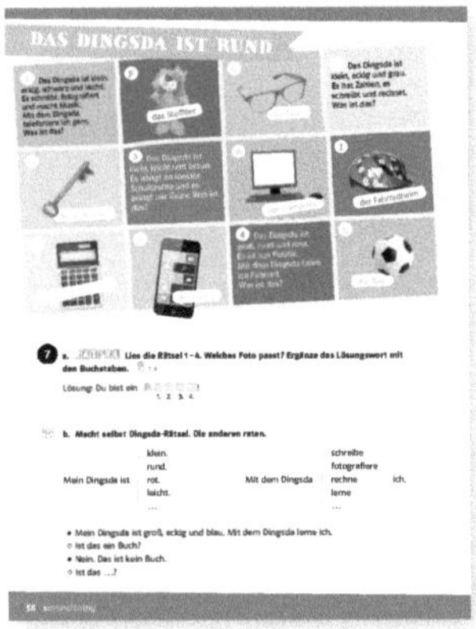

Lernziel: Die S lernen, Gegenstände genauer zu beschreiben. Dabei lernen sie das Ersatzwort „Dingsda" kennen, das man für unbekannte Wörter verwenden kann.

7 Bei den Dingsda-Rätseln muss den Beschreibungen das jeweils passende Foto zugeordnet werden. Mit dem Lösungswort („Profi") können sich die S selbst kontrollieren. Sie können die Texte zuerst still lesen oder anhand der Rätsel das laute Lesen üben.
Anschließend denken sich die S mit Hilfe der Satzmuster eigene Dingsda-Rätsel aus. Sie schreiben die Rätsel auf und lassen sie von der Klasse lösen.

Ich brauche den Pinsel

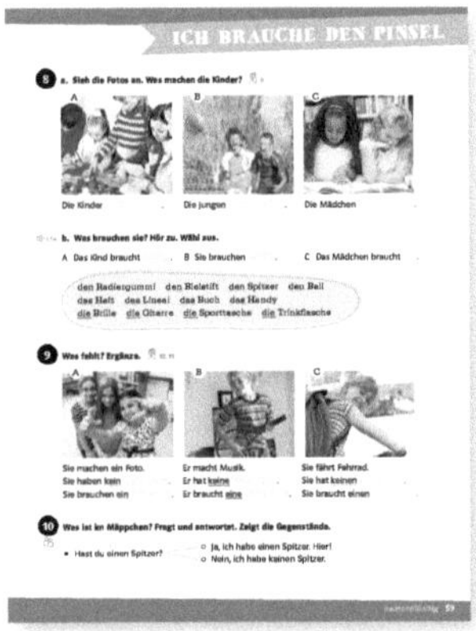

Lernziel: Im Mittelpunkt stehen die Verben „haben" und „brauchen". Die S lernen auszudrücken, was sie haben bzw. brauchen. Im Zusammenhang mit den Verben werden die Artikelwörter im Akkusativ eingeführt.

8 Besprechen Sie mit den S, was die Kinder auf den Fotos machen. Teilen Sie die S dann mit Hilfe der Fotos in drei Gruppen. Jede Gruppe sammelt zur Vorbereitung, was die Kinder auf ihrem Foto brauchen können.
Die S hören ***Track 54*** und wählen aus dem Schüttelkasten den fehlenden Gegenstand aus. Lassen Sie anschließend die S die Wörter nach dem bestimmten Artikel gruppieren und die Regelmäßigkeit entdecken.
3 Zu Übung 9 im ÜB können Sie die Satzmaschine einsetzen (***Kopiervorlage 3***).

9 In der Aufgabe wird das Verb „haben" und die Akkusativformen von „ein / kein" eingeführt. Betrachten Sie mit den S die Fotos. Lösen Sie das erste Beispiel gemeinsam, lassen Sie bei Foto B und C die S raten. So wird die Bedeutung der Verben (haben, brauchen) klar.
Tipp: Ermutigen Sie die S, ähnliche Situationen darzustellen und zu beschreiben.
Betrachten Sie mit den S den passenden Grammatikteil (***Grammatik mit den Deutschprofis***) und spielen Sie die Situation mit anderen Gegenständen in der Klasse nach (z. B. ein Stift, ein Radiergummi). Dabei entdecken die S den Unterschied zwischen bestimmtem und unbestimmtem Artikel.

10 Sammeln Sie zuerst mit den S, was alles in einem Mäppchen sein kann. Schreiben Sie die Wörter in unterschiedlichen Farben (der – blau, die – rot, das – grün) an die Tafel. Die S lesen den Musterdialog und schreiben ähnliche Dialoge in Paaren, die sie später im Plenum vortragen.
Alternative: Die S stehen auf und betrachten, was sie alles in ihrem Mäppchen haben. Fragen Sie dann: „Hast du einen Radiergummi?" Wer mit „ja" antwortet und den Gegenstand zeigen kann, setzt sich.

Viele Dinge

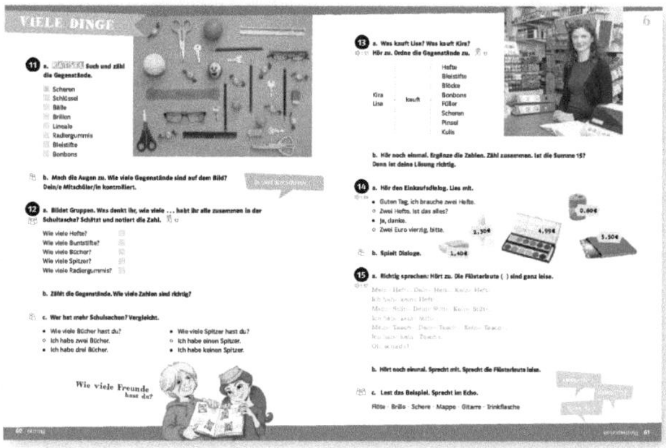

Lernziel: Nun werden Gegenstände gezählt. Dazu lernen die S die Pluralform der Nomen und das Fragewort „Wie viele?". Sie spielen kleine Einkaufsgespräche und lernen Preisangaben kennen. Dabei erfahren sie, dass man (in Deutschland und in Österreich) mit dem Euro zahlt.
Außerdem üben sie den Schwa-Laut [ə], der hier als Flüsterlaut bezeichnet wird, weil er kaum zu hören ist.

11 Schreiben Sie die Namen der Gegenstände auf Zettel und verteilen Sie sie an Paare. Jedes Paar zählt die Gegenstände auf dem Bild, die auf seinem Zettel stehen. Wer ist am schnellsten?

12 Die S arbeiten in Gruppen. Lassen Sie die S die Schulsachen erst schätzen, dann zählen. Gruppieren Sie die Wörter nach ihren Pluralendungen. Lassen Sie die S die Regelmäßigkeiten entdecken. Anschließend betrachten Sie mit den S den passenden Grammatikteil (***Grammatik mit den Deutschprofis***).
Tipp: Setzen Sie das Gedicht von der ***Spielwiese*** ein. Bringen Sie Gegenstände mit, die im Gedicht vorkommen, und einige andere, im Gedicht nicht erwähnt werden. Beim ersten Hören wählen die S die genannten Gegenstände aus. Beim zweiten Hören legen sie die Gegenstände in der richtigen Reihenfolge auf den Tisch. Beim nächsten Hören können sie den Rhythmus mitklatschen und den Text mitsprechen. Am Ende malen sie ein Bild und essen die Schokolade.

13 Teilen Sie die Klasse in zwei Gruppen: Die eine notiert, was Lisa kauft, die andere, was Kira kauft. Die S hören ***Track 55***. Zuerst konzentrieren sie sich nur auf die Gegenstände (***13a***). Im zweiten Schritt (***13b***) notieren sie die Zahlen zu den Gegenständen. Durch das Zusammenzählen können sie sich selbst kontrollieren.
D-A-CH-Info: Besprechen Sie mit den S, dass man in Deutschland und in Österreich mit Euro (und Cent) zahlt. Klären Sie, wie man die Preise in Euro angibt.

15 Am Plural lässt sich der für das Deutsche sehr typische Schwa- oder Flüsterlaut gut zeigen. Die S hören zuerst ***Track 57***, dann sprechen sie den Text mit und achten darauf, dass sie die Flüsterlaute immer sehr schwach und unbetont sprechen.
b. Alternative: Teilen Sie die Klasse in drei Gruppen. Gruppe 1 sagt immer die Wörter mit „meine", Gruppe 2 die mit „deine" und Gruppe 3 die mit „keine". Die Sätze sprechen die S im Chor. In der nächsten Runde tauschen sie die Rollen. In ***c*** verfahren sie genauso mit den angegebenen Wörtern.

DAS KANNST DU SCHON!

1. Die S spielen die Minidialoge in Paaren vor.
2. Wimmelspiel: Notieren Sie die einzelnen Sätze auf Papierstreifen. Je nach Gruppengröße arbeiten die S allein oder in Paaren. Sie bekommen einen beschrifteten Papierstreifen. Auf ein bestimmtes Signal laufen sie im Raum umher und versuchen, ihre Partner zu finden.

MACH DICH FIT 1–6

Tipp: Sie können die Wiederholung als Stationenlernen organisieren und dafür den Laufzettel (***Kopiervorlage 11***) benutzen. 11

7 MEIN HAUS, MEINE STADT

Einstieg:
Die S lernen, ein Haus von außen zu beschreiben und die Räume zu benennen. Die neuen Wörter werden über Hören und Sehen eingeführt.
Betrachten Sie mit den S das Foto und führen Sie das Wort „Haus" ein. Die S lesen still die Wörter auf dem Foto und dem Grundriss, dann hören sie ***Track 1*** und zeigen auf die Bilder. Danach stellen Sie mit den S die neuen Wörter pantomimisch dar, um das Verständnis zu sichern (mit den Armen ein Dach andeuten, die Tür öffnen, das Fenster öffnen, Blumen pflücken, schlafen, essen, kochen usw.).
Tipp: Lassen Sie die S zeichnen, wer in diesem Haus wohnt. Organisieren Sie im Klassenzimmer eine kleine Ausstellung der Zeichnungen. Die S können die von ihnen gezeichneten Bewohner den anderen kurz vorstellen (Das ist ... Er / Sie ist ein/e ... Er / Sie ist ... Jahre alt. Er / Sie ... gern. Er / Sie hat ein/e/n ...). Die S müssen zu diesem Zeitpunkt noch nicht wissen, dass es ein typisches Hobbithaus ist. Darauf können Sie in Aufgabe 2 eingehen.

Wo macht ihr was?

Lernziel: Die S lernen zu den einzelnen Räumen einer Wohnung auch die typischen Tätigkeiten kennen. Sie machen Ortsangaben mit den Präpositionen „in" und „auf", die hier als feste Wendungen (Chunks) gelernt werden. Außerdem werden die Personalpronomen „wir" und „ihr" im Nominativ sowie die entsprechenden Konjugationsformen eingeführt. Den kontextuellen Rahmen liefern die Hobbits, um das Thema spielerisch anzugehen.

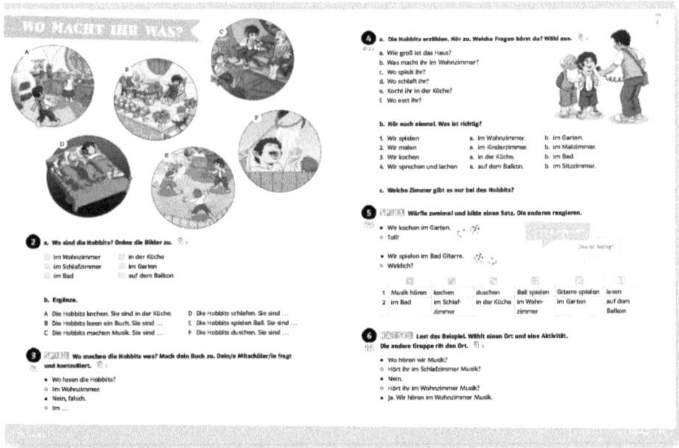

2 **a.** Betrachten Sie mit den S die Bilder im KB, und vergleichen Sie die Bewohner mit den Schülerzeichnungen. Fragen Sie die S, ob sie von den Hobbits schon gehört haben. Wenn nicht, erzählen Sie ihnen, dass Hobbits fiktive Figuren aus den Romanen von J. R. R. Tolkien sind. Sie sehen den Menschen ähnlich, sind aber kleiner und haben stark behaarte Füße. Sie leben in einer Fantasiewelt namens Mittelerde. Sie können das Buch in den Unterricht mitbringen oder ein paar Fotos / Szenen aus dem Film zeigen.

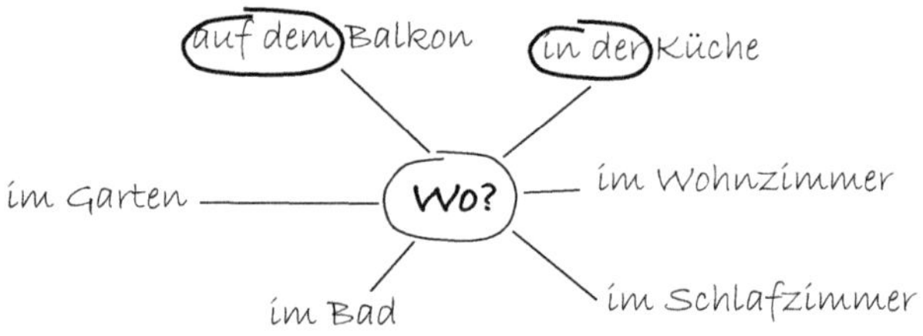

Lassen Sie dann die S die Bilder zuordnen. Nach der Kontrolle besprechen Sie mit den S, wie man auf die Frage „wo?" antworten kann. Die S können die Beispiele auf einem Lernplakat als Wortigel festhalten. Lassen Sie die S bei den zwei Ausnahmen (in der Küche, auf dem Balkon) „in der" und „auf dem" mit Buntstift einkreisen.

b. Führen Sie die Bedeutung der neuen Wörter (kochen, ein Buch lesen, Musik machen, schlafen, Ball spielen, duschen) mit Hilfe der Bilder aus *2a* ein. Um die Wörter einzuüben, stellen Sie mit den S die Aktivitäten zuerst im Plenum, dann als Kettenspiel pantomimisch dar. Anschließend ergänzen die S die Sätze.

Spieltipps:

1. Lebendiges Memory: Zwei Freiwillige verlassen den Raum. Verteilen Sie die Orte (Schlafzimmer, Küche, ...) unter den S, ohne Kärtchen zu benutzen. Jeder Ort wird doppelt verteilt. Die Freiwilligen kommen rein und suchen nach den Paaren. Sie fragen: „Wo sind die Hobbits?" Die Befragten stellen die Aktivitäten (schlafen, kochen, ...) pantomimisch dar und sagen, wo sie sind (im Schlafzimmer, in der Küche usw.). Wer ein Paar gefunden hat, darf noch einmal fragen. Die Paare versammeln sich hinter dem entsprechenden Spieler. Wer die meisten Paare hat, gewinnt. Dann gehen zwei andere S aus dem Raum, und die Orte werden neu verteilt.
2. Würfelkreis (***Kopiervorlage 12***): Die S spielen das Würfelspiel und festigen so die Verbkonjugation. 12

❸ Lassen Sie zuerst zwei S das Beispiel vorlesen. Führen Sie dann einige Minidialoge im Plenum durch. Für das Spiel können Sie auch die schon bekannte Kugellagerformation wählen.

❹ **a.** Die S hören ***Track 2***. Zur Differenzierung können Sie die Fragen unter den S verteilen. Dann müssen sich die S nicht auf alle Fragen gleichzeitig konzentrieren. Am Ende werden die Ergebnisse im Plenum besprochen.
b. Die S hören ***Track 2*** noch einmal und markieren die richtigen Lösungen. Sie können ihre Lösungen zuerst in Paaren vergleichen. Anschließend betrachten Sie mit den S den passenden Grammatikteil (***Grammatik mit den Deutschprofis***). Lassen Sie die S im Plenum formulieren, welche Endungen das Verb nach „wir" und „ihr" hat.
Tipp: Die S können das Interview in Paaren nachspielen. Die Paare besprechen zuerst die Rollenverteilung (Reporter, Hobbit), dann versammeln sich kurz die Reporter, um mögliche Interviewfragen zu formulieren, und die Hobbits, um mögliche Antworten zu überlegen. Danach sucht jeder seinen Partner und spielt das Interview.

❺ Dieses Würfelspiel eignet sich sehr gut zur spielerischen Anwendung des Gelernten. Halten Sie dazu genügend Spielwürfel bereit. Erklären Sie die Spielregeln auf Deutsch, indem Sie je ein Beispiel vorführen. Machen Sie die S auf die richtige Intonation aufmerksam: Üben Sie mit ihnen zuerst nur die Reaktionen, damit sie richtig intonieren (Toll! Wirklich? Das glaube ich nicht! Das ist lustig!).

❻ Lassen Sie zuerst einige Ja-/Nein-Fragen im Plenum bilden, und besprechen Sie mit den S die richtige Wortfolge. Halten Sie die Beispiele an der Tafel fest.
Zum Abschluss der Doppelseite kann das Gedicht von der ***Spielwiese*** bearbeitet werden.
Tipp: Sie können die zwei Bilder an die Wand / das Whiteboard projizieren. Ein S kommt nach vorn und zeigt beim Hören auf das entsprechende Fenster.
Die S können ähnliche Gedichte schreiben und ihre Gedichte auch illustrieren. Die Gedichte können die S in ihr Ich-Buch (***Ich-Buch im Anhang des ÜB***) einkleben.

Sein Zimmer, ihr Zimmer

Lernziel: In diesem Teil werden zunächst Möbelstücke eingeführt, damit die S einfache Zimmerbeschreibungen verstehen und ihr eigenes Zimmer beschreiben können. Im Zusammenhang mit den Beschreibungen lernen sie den Unterschied zwischen den Possessivartikeln „sein/e" und „ihr/e" kennen.

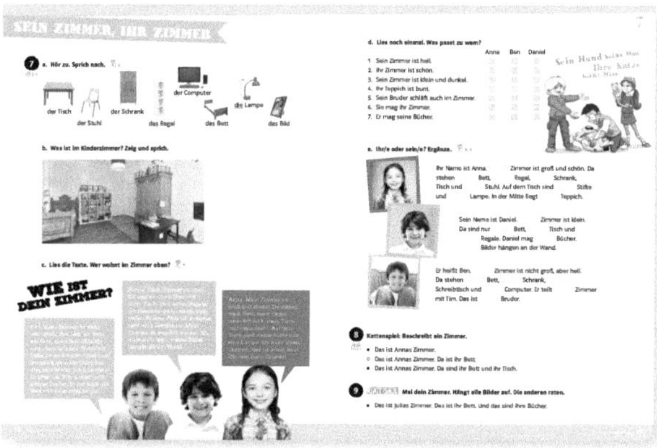

❼ **a. Spieltipp:** Die S können die neuen Wörter mit einem Merk-Kim-Spiel einüben: Projizieren Sie die Bilder an die Wand / das Whiteboard und lassen Sie die S die Bilder eine

Minute lang betrachten. Decken Sie dann einen Gegenstand ab und fragen Sie, was fehlt. Wenn alle Gegenstände einmal an der Reihe waren, projizieren Sie das Bild noch einmal für eine Minute. Dann sollen die S aufzählen / ins Heft schreiben, welche Gegenstände sie gesehen haben.
Tipp: Um die bestimmten Artikel zu festigen, können die S ein „der-Zimmer", ein „das-Zimmer" und ein „die-Zimmer" in ihr Heft skizzieren und diese mit den passenden Möbelstücken in der entsprechenden Farbe befüllen.
c. Machen Sie die S vor dem Lesen darauf aufmerksam, dass sie nicht jedes Wort kennen müssen, um die Texte zu verstehen. Nach der Kontrolle besprechen Sie mit den S, was ihnen bei der Lösung geholfen hat. Dabei können Sie die Lesestrategie bewusst machen (gezieltes Suchen nach bestimmten Wörtern).
d. Nachdem die S die Aufgabe zum Leseverstehen inhaltlich gelöst haben, fokussieren sie die Formen „sein/e" und „ihr/e". Die S versuchen selbst zu erschließen, wann „sein/e" und wann „ihr/e" gebraucht wird. Dabei hilft ihnen auch die Illustration mit den Deutschprofis.
e. Nach der Bewusstmachung können die S diese Aufgabe in Gruppen oder in Paaren lösen. Es lohnt sich, die Lückentexte unter den Gruppen / Paaren zu verteilen. Falls die S sich noch nicht sicher sind und Fehler machen, werden diese nicht an drei Texten eingeübt, sondern gleich am Anfang korrigiert.
Tipp: Erstellen Sie nach der Kontrolle mit den S Lernplakate, auf denen sie die Beispiele aus den Texten sortieren (sein/e, ihr/e). Dazu kann man auch die Grammatikseite (***Grammatik mit den Deutschprofis***) aufschlagen.

8 **Tipp:** Bereiten Sie zum Kettenspiel Bildkarten von Möbelstücken vor oder basteln Sie mit den S Bildkarten mit Möbelstücken aus Möbelkatalogen. Die S ziehen je eine Karte. So müssen sie nicht lange überlegen, welches Möbelstück sie nennen sollen. Machen Sie auch einen Durchgang mit „sein/e".

9 **Alternative:** Sie können die gemalten Bilder sammeln und neu verteilen. So kann jeder S ein Zimmer beschreiben.

In München gibt es einen Zoo!

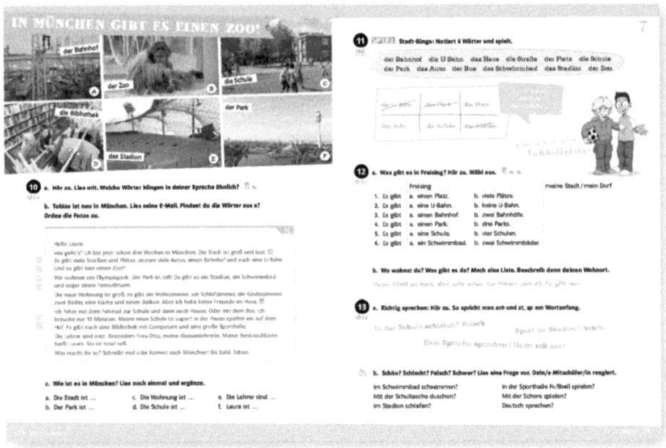

Lernziel: Nach der Wohnungsbeschreibung wird der Blick auf die nähere Umgebung gelenkt. Durch den Input über Lesen und Hören lernen die S, den eigenen Wohnort kurz vorzustellen. Dabei wenden sie die Struktur „es gibt" an. Der Wortschatz der Lektion gibt Anlass, die richtige Aussprache von „sp" und „st" am Wortanfang bewusst zu machen.

10 **a.** Lassen Sie die S zuerst auf einer Deutschlandkarte suchen, wo München liegt. Fragen Sie, ob jemand schon in München war oder etwas über diese Stadt weiß.
Betrachten Sie dann mit den S die Fotos und hören Sie ***Track 4***. Einige der Wörter sind Internationalismen. Besprechen Sie mit den S, welche Wörter in ihrer Muttersprache (oder in anderen Sprachen) ähnlich klingen. Die Einführung der Wörter entlastet das Verstehen der folgenden E-Mail, die in zwei Schritten bearbeitet wird.
b. Machen Sie die S vor dem ersten Lesen wieder darauf aufmerksam, dass sie nicht jedes Wort kennen müssen, um den Text zu verstehen und die Aufgabe zu lösen.

c. Die S erarbeiten weitere Textinhalte. Bei der Kontrolle lassen Sie die S einander Wie-Fragen stellen (Wie ist die Stadt? Wie ist der Park? usw.). Bei Bedarf lesen Sie den Text ein drittes Mal mit den S gemeinsam und klären Fragen zum Verständnis.

11 Jeder S notiert sechs Wörter aus dem Schüttelkasten. Dann sagen Sie (oder ein S) nacheinander alle Wörter des Spiels. Wer alle sechs Wörter gehört und angekreuzt hat, ruft „Bingo!".

12 Die Aufgabe führt die Struktur „es gibt" ein und leitet zur eigenen Textproduktion über.
a. Vor dem Hören lesen die S die Liste zur Auswahl im Buch. Nach der Aufgabe zum Hörverstehen lenken Sie die Aufmerksamkeit auf die Struktur „es gibt". Dabei hilft auch die Illustration mit den Deutschprofis. Sie können auch die Grammatikseite (***Grammatik mit den Deutschprofis***) zu Hilfe nehmen.
Tipp: Zur Festigung spielen die S in Vierergruppen Stadtlotto (***Kopiervorlage 13***): Jeder S bekommt fünf Bildkarten – das sind die Orte, die es in seiner Stadt gibt. Die Wortkarten liegen umgedreht auf dem Tisch. Der Erste dreht eine Wortkarte um und fragt: „Gibt es in deiner Stadt ein/e/n ...?" Der Spieler links von ihm schaut sich seine Bildkarten an. Wenn er die passende Karte hat, legt er sie auf die Wortkarte. Wenn nicht, fragt der Erste solange weiter, bis er die Bildkarte findet. Dann dreht der Nächste eine Wortkarte um und fragt. Wer zuerst keine Bildkarten mehr hat, gewinnt. 13
b. Vor dem Schreiben sammeln die S, was es alles in ihrer Stadt / ihrem Dorf gibt, indem sie die dritte Spalte der Tabelle in ***a*** ausfüllen. Sie können auch Bilder vom eigenen Wohnort mitbringen und ihren Text illustrieren. Geben Sie weitere Wörter an, wenn es zur Beschreibung nötig ist.
An dieser Stelle kann das Projekt von der ***Spielwiese*** durchgeführt werden. Die S können auch ihren Traumwohnort oder ihr Traumzimmer zeichnen und vorstellen. Organisieren Sie mit den Zeichnungen eine Ausstellung im Klassenzimmer.
Zu Übung 11 im ÜB können Sie die Satzmaschine einsetzen (***Kopiervorlage 3***). 3

13 Bei der Ausspracheschulung wird den S anhand einiger Beispiele bewusst gemacht, dass bei „st" und „sp" am Wort- und am Silbenanfang s wie sch ausgesprochen wird. Die S können weitere witzige Fragen stellen und auf diese reagieren.

14 Auf der ***Profiseite*** gibt es zum ersten Mal einen Text, der mit einer Multiple-Choice-Aufgabe verknüpft ist, wie sie für Prüfungen typisch ist. Der Wortschatz geht leicht über das Gelernte hinaus. Die S werden daran gewöhnt, trotz unbekannter Wörter die Antwort zu erschließen. Besprechen Sie, was bei der Lösung geholfen hat. Sie können den Text an die Wand projizieren und darin Schlüsselstellen markieren. Dabei lernen die S eine wichtige Lösungsstrategie kennen.
Anhand der Beispiele können die S den eigenen Schulweg kurz beschreiben.

DAS KANNST DU SCHON!

1. Die S spielen die Minidialoge in Paaren vor.
2. Wimmelspiel: Notieren Sie die einzelnen Sätze der Minidialoge auf Papierstreifen. Je nach Gruppengröße arbeiten die S allein oder in Paaren. Sie bekommen einen beschrifteten Papierstreifen. Auf ein bestimmtes Signal laufen sie im Raum umher und versuchen, ihre Partner zu finden, indem sie sinnvolle Minidialoge erstellen.

8 MEINE WOCHE

Einstieg:
Die S lernen mit Hilfe eines Familienplaners die Wochentage auf Deutsch kennen. Machen Sie die S zuerst mit dem Familienplaner vertraut: Erklären Sie, was ein Familienplaner ist (man kann sehen, wer was in der Familie in dieser Woche macht). Besprechen Sie mit den S, wer zu Familie Sander gehört. Dann lösen die S die Aufgabe zum Leseverstehen.
Mit ***Track 8*** festigen die S die Wochentage mit dem richtigen Wortakzent. Gibt es Tage, die in der Muttersprache der S (oder in anderen gelernten Fremdsprachen) ähnlich klingen?

D-A-CH-Info: Die meisten Wochentage erhielten ihre Namen nach germanischen Gottheiten: Dienstag war der Tag des altgermanischen Gottes Thingus (Thingstag), Donnerstag der Tag des Gottes Donar und Freitag der Tag der germanischen Göttin Freia. Sonntag war der Tag der Sonne und Montag der Tag des Mondes. Mittwoch ist die Mitte der Woche. Der Name Samstag geht auf den jüdischen Sabbat zurück.

Tipp: Zur Festigung der Reihenfolge der Wochentage teilen Sie unter den S Wortkarten mit den Wochentagen aus. (Damit jeder eine Karte bekommt, können Sie die Wochentage mehrmals in unterschiedlichen Farben angeben.) Die S gehen im Raum herum und tauschen ihre Karten untereinander. Wenn Sie in die Hände klatschen, behalten die S ihre Karte und versuchen, so schnell wie möglich, sich in einer Linie in der richtigen Reihenfolge aufzustellen. Nach der gemeinsamen Kontrolle können sie die Karten wieder solange austauschen, bis Sie klatschen.
Lesen Sie dann mit den S das Beispiel im Kursbuch und lassen Sie die S raten, was „morgen" bedeutet. Stellen Sie am Anfang einige Rätselfragen, dann können die S in Paaren üben.

Lottas Stundenplan

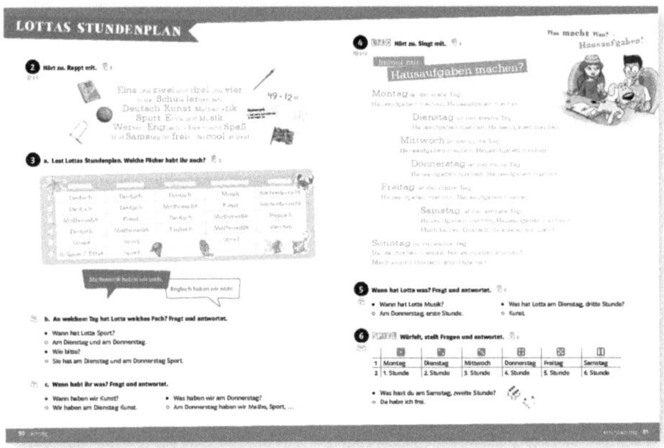

Lernziel: Die S lernen die Schulfächer in einem deutschen Stundenplan kennen, vergleichen den Stundenplan mit ihrem und tauschen sich darüber aus. Dabei verwenden sie das Fragewort „Wann?", die Zeitangabe mit „am" (am Montag) und die Ordinalzahlen (erste, zweite …).

2 Zeigen Sie einen Stundenplan und führen Sie das Wort ein. Erklären Sie auch, dass der Stundenplan angibt, wann die S welches Schulfach haben.
In ***Track 9*** versuchen die S Wörter herauszuhören, die sie verstehen (Zahlen; Schulfächer, die Internationalismen sind). Projizieren Sie den Text mit den Bildern an die Wand / das Whiteboard und lassen Sie die Fächer den Bildern zuordnen. Beim zweiten Hören rappen die S mit und festigen dabei den Wortakzent. Den Rap können sie mit passenden Bewegungen begleiten (z. B. an den Fingern zählen, bei „Schule" mit den Händen ein Dach zeigen, bei „Spaß" Lächeln in die Luft zeichnen, beim letzten Satz die Arme hochreißen).

3 **a.** Die S sehen sich Lottas Stundenplan an und zählen auf, welche Fächer sie hat. Es kommen zwei neue Fächer (Religion und Sachunterricht) vor, diese müssen erklärt werden. Beim Vergleich mit dem eigenen Stundenplan führen Sie ggf. Fächer auf Deutsch ein, die Ihre S außerdem noch haben.
D-A-CH-Info: Je nach Bundesland und nach Schule gibt es für manche Fächer unterschiedliche Bezeichnungen (z. B. Sachkunde / Mensch-Natur-Kultur für Sachunterricht oder Werken und Gestalten), und auch die Verteilung der Stunden unterscheidet sich.
b. Stellen Sie zuerst Fragen zu Lottas Stundenplan: „Was hat Lotta am …?", damit die S die Zeitangabe mit „am" mehrmals hören. Dann lesen zwei S den Dialog mit verteilten Rollen vor. Sprechen Sie im Plenum einige Dialoge, dann können die S in Paaren arbeiten.
c. Die S schreiben ihren Stundenplan auf Deutsch in ihr Heft. (Unterstützen Sie bei Fächern, die im Buch nicht vorkommen.) Dann fragen die S einander als Kettenspiel der Reihe nach: „Wann haben wir …?" In der nächsten Runde fragen sie nach den Fächern: „Was haben wir am …?"

4 Mit dem Lied werden die Ordinalzahlen eingeführt. Führen Sie vorher mit Hilfe der Illustration das Wort „Hausaufgabe" ein. Fragen Sie die S, ob sie jeden Tag Hausaufgaben machen. Dann hören sie das Lied (***Track 10***) und singen mit. Teilen Sie die S in zwei Gruppen, damit sie das Lied auch dialogisch singen können.
Um die Ordinalzahlen einzuüben, eignet sich das Spiel von der ***Spielwiese***.

5 Die S üben nun die Ordinalzahlen in ähnlichen Dialogen wie zuvor. Stellen Sie zuerst Fragen mit Ordinalzahlen: „Was hat Lotta am Dienstag, dritte Stunde?" Dann fragen die S einander. Danach fragen Sie nach dem Tag: „Wann hat Lotta Musik?", bevor die S einander fragen.
Tipp: Anschließend können sie das Stundenplan-Wechselspiel spielen (***Kopiervorlage 14***). 14

Mathe finde ich klasse!

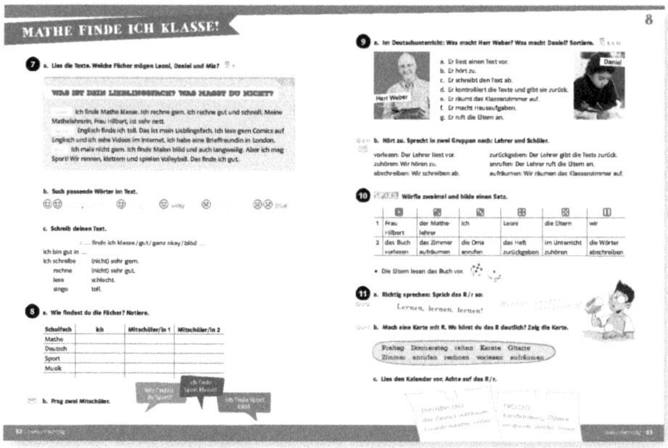

Lernziel: Die S sagen, welche Schulfächer sie mögen und was ihr Lieblingsfach ist. Sie beschreiben typische Aktivitäten in der Schule – dabei kommen erste trennbare Verben vor. Anhand des Lektionswortschatzes üben sie die richtige Aussprache der verschiedenen R-Laute: Dabei wird das konsonantische R und das kaum hörbare vokalisierte R unterschieden und deutlich gemacht, dass der R-Laut im Deutschen sehr unterschiedlich realisiert wird.

7 Wiederholen Sie mit den S die Schulfächer. Beim Lesen markieren die S im Text, wer welche Fächer mag (***7a***). Nach der Kontrolle suchen die S nach passenden Wörtern im Text (***7b***). Die Lösungen vergleichen sie zuerst in Paaren. Anschließend stellen sie sich wie im Beispiel schriftlich vor (***7c***). Die S gehen mit ihren Texten im Raum spazieren. Wenn Sie klatschen, bleiben alle stehen und folgen Ihren Anweisungen: Wer Mathematik klasse findet, steht auf einem Bein / setzt sich auf den Boden usw. Wer gut in Deutsch ist, steht auf einem Bein / setzt sich auf den Boden usw.

8 Sammeln Sie mit den S Wörter, um zu sagen, wie sie die Fächer finden. Weisen Sie auf ***7b*** hin. Dann füllt jeder die erste Spalte aus (***8a***), fragt dann zwei andere S (Wie findest du…?) und füllt die Spalten 2 und 3 aus. Man kann auch eine Gruppenstatistik erstellen.

9 **a.** In dieser Aufgabe werden trennbare Verben und die für das Deutsche charakteristische Satzklammer eingeführt. Klären Sie mit den S, wer die Personen auf den Fotos sind und sammeln Sie gemeinsam, was sie in der Deutschstunde machen: Die S können die Aktivitäten in der Muttersprache nennen oder sie spielen die Tätigkeiten pantomimisch vor, und Sie benennen sie auf Deutsch. Dann lesen die S die Sätze und sagen, welche sie verstehen. Die anderen können Sie mit Gestik und Mimik erklären. Danach ordnen die S die Tätigkeiten zu. Sie können die S in zwei Gruppen teilen: Gruppe 1 wählt Aktivitäten aus, die Herr Weber im Deutschunterricht macht, Gruppe 2 konzentriert sich auf Daniel. Die Gruppen vergleichen ihre Lösungen im Plenum. Es ist möglich, dass eine Tätigkeit zu beiden Personen passt (z. B. „Er hört zu.“).
Spieltipp: Spielen Sie Activity. Stellen Sie eine Aktivität pantomimisch dar und fragen Sie: „Was macht Herr Weber / Daniel?“ Die S raten. Wer richtig rät, darf eine andere Aktivität pantomimisch darstellen.
b. Vor dem Hören bilden die S zwei Gruppen (evtl. wie in ***9a***) und sprechen die Sätze in diesen Gruppen (Lehrer, Schüler) nach. Sie können die Rollen auch tauschen. Dann sehen sie sich die Beispiele genau an, unterstreichen die Verben und stellen fest, dass die Verbteile im Satz „getrennt“ worden sind.
Tipp: Humor und Spaß helfen bei der Grammatikvermittlung. Erzählen Sie den S eine kleine Geschichte: Die zwei Verbteile hatten Streit, und jetzt versuchen sie im Satz so weit voneinander zu stehen, wie nur möglich. Lassen Sie die Wortfolge „lebendig“ darstellen: Schreiben Sie die einzelnen Satzglieder längerer Sätze auf Wortkarten (z. B. Wir räumen das Klassenzimmer auf). Für das Verb nehmen Sie ein Oval und schneiden es nach dem trennbaren Verbteil mit einer Zickzacklinie durch. Teilen Sie die Karten aus – die S sind jetzt die Satzglieder und stellen sich in der richtigen Reihenfolge auf. Auch „der Streit zwischen den Verbteilen“ kann vorgespielt werden.

Wir | räumen | das | Klassenzimmer | auf

10 Mit dem Würfelspiel üben die S den Satzrahmen ein. Lassen Sie die S zu dritt oder zu viert spielen, damit sie einander helfen können. Hilfreich ist es auch, vor dem Spiel die trennbaren Verbteile zu markieren.

11 **a.** In der deutschen Sprache gibt es unterschiedliche R-Laute, deren richtige Aussprache vielen Deutschlernenden Probleme bereitet. Den ersten Unterschied machen sich die S am Beispiel von „lernen“ und „rennen“ bewusst. Besprechen Sie mit den S, bei welchem Verb sie das R deutlich gehört haben. Der R-Laut ist am Anfang von Wörtern und Silben und manchmal nach kurzem Vokal konsonantisch. In Präfixen, Endungen mit „er“ und nach langem Vokal ist das R vokalisiert.
b. Alternative: Die S äußern vor dem Hören Vermutungen, in welchem Wort das R deutlich ausgesprochen wird. Schreiben Sie die genannten Wörter an die Tafel. Beim Hören (***Track 13***) überprüfen die S ihre Vermutungen.
c. Auch beim Lesen können die anderen ihre Karte zeigen, wenn sie den Laut deutlich hören.

Endlich Pause!

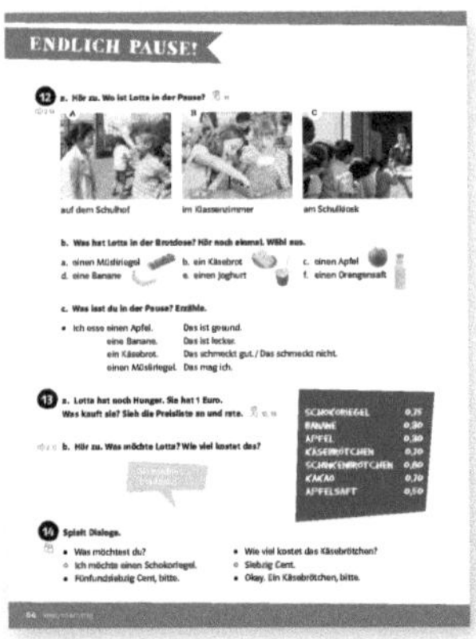

Lernziel: Die S lernen, wie sie am Schulkiosk etwas kaufen und nach dem Preis fragen können.

12 **a.** Führen Sie das Wort „Pause“ ein, besprechen Sie, wie lange bei Ihnen die Pausen dauern und wo die Kinder in den Pausen sein können. Damit führen Sie auch die drei Ausdrücke „auf dem Schulhof“, „im Klassenzimmer“, „am Schulkiosk“ ein. Dann hören die S ***Track 14*** und sagen, wo Lotta in der Pause ist.
b. Nutzen Sie das Foto im Buch oder bringen Sie eine Brotdose mit. Zeigen und benennen Sie, was drin ist. Fragen Sie, ob die S auch eine Brotdose haben.

Nach dem Hören besprechen Sie mit den S, was sie von den angegebenen Lebensmitteln gern essen / trinken: „Was isst / trinkst du gern?" „Ich esse / trinke gern ein/e/n …" In ***12c*** können die S ihre Wahl begründen: „Das ist gesund / lecker. Das schmeckt gut. Das mag ich." Semantisieren Sie die neuen Wörter mit Gestik und Mimik. Dann können die S sagen, was in ihrer Brotdose ist.

13 **a.** Führen Sie die Situation ein wie im Buch angegeben. Sie können evtl. eine 1-Euro-Münze mitbringen und den S zeigen. Dann betrachten Sie mit den S das Angebot am Schulkiosk und sammeln Vorschläge, was Lotta kaufen könnte. Danach hören sie ***Track 15***.
b. Im Hörtext kommt das Verb „möchte" in Verbindung mit Nomen vor. Besprechen Sie vor dem Hören mit den S, was die Frage „Was möchte Lotta?" bedeutet.

14 Stellen Sie zuerst Fragen zur Preisliste: „Was kostet 70 Cent?" usw. Ändern Sie dann die Fragestellung: „Wie viel kostet …?" Lesen Sie mit den S den Musterdialog. Lassen Sie die Wörter nach Genus farbig markieren (oder im Heft sortieren), bevor die S eigene Dialoge spielen (zuerst im Plenum, dann in Paaren). Die Situation wird realistischer, wenn die S die Waren und Spielgeld als Bild bekommen (***Kopiervorlage 15***). Da das Spielgeld schwarzweiß ist, können die S es auch ausmalen. Dazu können Sie echte Münzen als Vorlage mitbringen. 15
Tipp: Lassen Sie die S als Mini-Projekt in Gruppen einen eigenen Schulkiosk gründen. Die Gruppen erstellen ein Angebot mit Preisliste, bringen Waren mit und verkaufen sie für Spielgeld.

Am Dienstagnachmittag

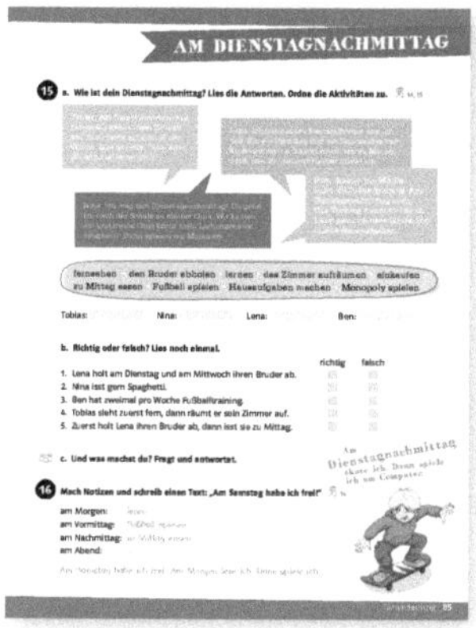

Lernziel: Die S berichten über ihre Nachmittagsaktivitäten, dabei lernen sie weitere trennbare Verben und verwenden Zeitangaben (Tageszeiten) sowie temporale Adverbien (zuerst, dann).

15 **a. Differenzierung:** Verteilen Sie die Texte, damit sich jeder S zunächst nur auf eine Person konzentriert. Die S, die sich mit derselben Person beschäftigt haben, vergleichen ihre Lösungen. Danach besprechen Sie im Plenum die Lösung.
b. Bei der Kontrolle lesen die S den entsprechenden Textteil vor.
c. Die S betrachten das Beispiel mit Felix. Dann sammeln sie Aktivitäten, die auf sie zutreffen, und fragen einander in der Kugellagerformation: „Wie ist dein Dienstagnachmittag?"
Vor dem Schreiben kann die Satzklammer mit Hilfe der ***Satzmodelle*** und des Grammatik-Clips geübt werden (***17a***, ***b***). L8

16 Sammeln Sie mit den S Aktivitäten, die sie in der Freizeit machen. Dann schreibt jeder seinen Text und liest ihn vor. Beim Vorlesen stellen die anderen die Aktivitäten pantomimisch dar.
Alternative: Die S schreiben den Text in Paaren. Sie nehmen ein Blatt Papier und einen Stift. Der Erste schreibt auf, was er am Morgen macht. Dann faltet er das Blatt so, dass sein Satz nicht zu sehen ist. Der Zweite schreibt, was er am Vormittag macht, und faltet das Blatt usw. Zum Schluss lesen sie ihren Text vor.
An dieser Stelle kann das Gedächtnisspiel von der ***Spielwiese*** gespielt werden. Auch die Tageszeiten können hierbei eingesetzt werden.

DAS KANNST DU SCHON!

1. Die S spielen die Minidialoge in Paaren vor.
2. Wimmelspiel: Notieren Sie die einzelnen Dialogteile auf Papierstreifen. Je nach Gruppengröße arbeiten die S allein oder in Paaren. Sie bekommen einen beschrifteten Papierstreifen. Auf ein bestimmtes Signal laufen sie im Raum umher und versuchen, ihre Partner zu finden.

9 MEINE ZEIT

Einstieg:
Die S lernen, nach der Uhrzeit zu fragen und die Uhrzeit – zunächst formell – anzugeben. (Wie viel Uhr ist es? – Es ist elf Uhr fünfundfünfzig. Es ist zehn Uhr zwölf.)
Sie können die Bilder an die Wand / das Whiteboard projizieren. Betrachten Sie sie mit den S und führen Sie das Wort „die Uhr" ein. Lassen Sie die S raten, was der Buchstabe U bedeutet und wo man diese Uhr sehen kann (U-Bahn).
D-A-CH-Info: Die Kuckucksuhr stellt man traditionell im Schwarzwald her. Hier befinden sich die größte Kuckucksuhr der Welt und die sog. deutsche Uhrenstraße. Auch die Schweizer Uhren (Rolex, Swatch, Tissot usw.) sind weltberühmt.
Die S hören ***Track 16*** und zeigen auf die passende Uhr. Sie kennen schon die Zahlen, und die Hintergrundgeräusche helfen ihnen beim Verstehen. Beim zweiten Hören (*1b*) sprechen sie die Uhrzeiten nach. Dann zeigen Sie auf das Smartphone und fragen: „Wie viel Uhr ist es?" Danach spielen die S in Paaren Dialoge nach dem Muster (*1c*). (Falls die S die formelle Zeitangabe nicht kennen, führen Sie die Uhrzeiten mit Aufgabe 2 ein.)

Ich stehe um sieben auf

Lernziel: Die S lernen, den Tagesablauf mit einfachen Wörtern zu beschreiben. Sie lernen die informelle Uhrzeit mit „Viertel vor / nach", „halb" usw. und können auf die Frage „wann" antworten.

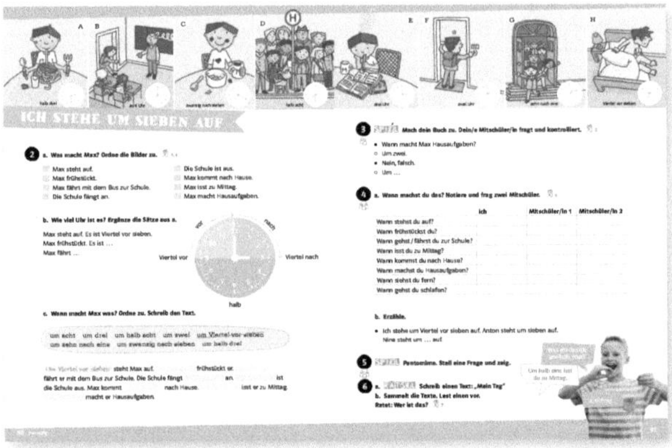

2 **a.** Sie können die Bilder an die Wand / das Whiteboard projizieren. Stellen Sie Max vor. Bevor sich die S mit den Uhrzeiten beschäftigen, erarbeiten sie den Wortschatz: Sie versuchen zu erschließen, welches Bild zu welchem Satz gehört, indem sie sich auf bereits bekannte Wörter stützen.
Alternative: Sprechen Sie die Sätze in *a* und machen Sie dabei dazu passende Bewegungen. Die S sprechen die Sätze nach und bewegen sich entsprechend. Danach nennen Sie die Tätigkeiten in einer beliebigen Reihenfolge, und die S spielen sie wieder vor. Schließlich kann ein S Ihre Rolle übernehmen, oder die S üben den neuen Wortschatz als Kettenspiel.
b. Bringen Sie eine Spieluhr mit beweglichen Zeigern mit. Zeigen Sie, was „halb", „Viertel vor" und „Viertel nach" bedeuten, indem Sie die Uhrzeiten einstellen. Nennen Sie dann Uhrzeiten, die die S an der Uhr einstellen. Danach geben die S die abgebildeten Uhrzeiten an und ergänzen die Sätze aus *a*. Sie können die Sätze auch ins Heft schreiben.
Alternative: Schreiben Sie die Sätze aus *a* und die Uhrzeiten auf Zettel. Verteilen Sie die Zettel unter den S. Jeder S findet seinen Partner.
16 Die Uhrzeiten können die S mit einem Dominospiel (***Kopiervorlage 16***) weiterüben. Jeder S bekommt sieben Karten. Ein S legt eine Karte, der zweite schaut, ob er eine passende Karte zum Anlegen hat. Wer zuerst keine Karten mehr hat, hat gewonnen.
c. Die S ergänzen den Text mit den Zeitangaben. Als Kontrolle schreiben Sie die genannten Uhrzeiten mit Ziffern an die Tafel. Besprechen Sie mit den S, was „um" in diesem Fall bedeutet.

❹ **a.** Die S geben zuerst in der ersten Spalte an, wann sie diese Aktivitäten machen. Dann spielen Sie Musik vor, und die S gehen im Klassenraum herum. Wenn die Musik gestoppt wird, wählen sie einen Partner und führen mit ihm ein Interview. Sie notieren im Buch, was sie herausgefunden haben. Dann spielt die Musik wieder, und die S spazieren weiter im Raum. Wenn die Musik gestoppt wird, suchen sie nach einem neuen Partner. Anschließend erzählen sie im Plenum, was sie erfahren haben (***4b***).

❺ Wählen Sie zuerst eine Uhrzeit und eine passende Aktivität. Fragen Sie: „Was mache ich um …?“ und zeigen Sie die Aktivität. Wer als Erster richtig rät, ist dran.

❻ Vor dem Schreiben sammeln die S auf einer Liste, was sie an einem Tag machen. Dann ergänzen sie ihre Liste mit den Uhrzeiten. So können sie über ihren Tag schreiben. Beim Schreiben gehen Sie herum und helfen, wenn nötig (***6a***). Dann sammeln Sie die Texte ein und teilen sie neu aus. Jeder liest einen Text vor, die anderen raten, wer den Text geschrieben hat (***6b***). Der „Autor“ sagt am Ende, ob die anderen richtig geraten haben.
Die S lesen die D-A-CH-Infos der ***Spielwiese*** über die Schulen in den deutschsprachigen Ländern. Suchen Sie mit den S die Städte (Stuttgart, Innsbruck, Bern, Leipzig) auf einer Landkarte. Dann tragen die S die Informationen in eine Tabelle ein und vergleichen sie mit der eigenen Schule.

Wie lange frühstückst du?

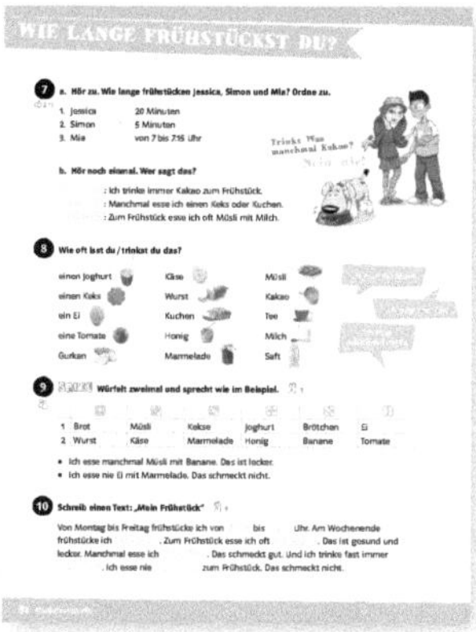

Lernziel: Die S antworten auf die Frage „Wie lange?“ und machen Zeitangaben mit „von … bis …“. Sie lernen Lebensmittel und Getränke kennen, die man zum Frühstück essen und trinken kann, erzählen darüber, was sie oft, nur manchmal oder nie essen und schreiben abschließend einen Text über ihre Frühstücksgewohnheiten.

❼ **a.** Die S hören ***Track 17*** und ordnen beim ersten Hören die Zeitangaben zu. Dann fragen sie einander, wie lange sie frühstücken.
b. Beim zweiten Hören konzentrieren sich die S auf die Inhalte. Betrachten Sie nach dem Hören mit den S das Bild mit den Deutschprofis. Lassen Sie die S die Wörter „immer“, „manchmal“, „oft“ und „nie“ in die richtige Reihenfolge stellen.

❽ Sprechen Sie jedes Wort vor und lassen Sie die S die Wörter nachsprechen.

❿ Die S schreiben mit Hilfe des Lückentextes einen Text über ihre Frühstücksgewohnheiten und schreiben ihren Namen auf das Blatt.
Tipp: Die S malen die Lebensmittel / Getränke, die sie in ihrem Text verwendet haben, in ein Rechteck mit sechs Feldern.

Mo – Fr	Sa – So	oft
manchmal	fast immer	nie

Sammeln Sie die Bilder ein und verteilen Sie sie neu. Legen Sie die Texte in Kreisform auf den Boden. Die S gehen von Text zu Text und versuchen, den Text zu finden, der zu ihrem Bild passt. Wer meint, den passenden Text gefunden zu haben, ruft „Stopp!“. Er nimmt den Text, sucht den Verfasser und zeigt ihm sein Bild. Dann hilft er den anderen beim Suchen.
Die S können hierzu die Projektidee der ***Spielwiese*** (lustige Frühstücksbrote) verwirklichen.

Nachmittags in der Schule

Lernziel: Die S erfahren, was man an deutschen Schulen nachmittags in den AGs (Arbeitsgemeinschaften) machen kann, vergleichen das Angebot mit ihrer Schule und lernen, Wünsche mit „möchte" auszudrücken.

D-A-CH-Info: An den meisten Schulen in Deutschland werden AGs angeboten, die die S am Nachmittag besuchen können. An Ganztagsschulen sind einige AGs Teil des Stundenplans, andere sind ein zusätzliches Angebot für Interessierte.

11 **a.** Sie können die Bilder an die Wand / das Whiteboard projizieren. Weisen Sie darauf hin, dass diese Aktivitäten nachmittags in der Schule stattfinden, und führen Sie das Wort „AG" ein. Die S zählen zuerst auf, welche AGs in dieser Schule angeboten werden: „Es gibt eine …-AG". Dann berichten sie darüber, was es bei ihnen gibt.
b. Alternative: Nummerieren Sie die AGs (1 Schulgarten, 2 Mal-AG usw). Die S würfeln und fragen nach der AG, deren Nummer sie gewürfelt haben (Wann ist …?).

12 Nehmen Sie das Bild mit Leo und Wau zu Hilfe (Was möchte Leo machen? – Er möchte …). Die Bedeutung des Verbs „möchte" ist den S aus Lektion 8 (Aufgabe 14) bekannt, hier wenden sie es in Verbindung mit einem anderen Verb an. Die S fragen einander im Kettenspiel der Reihe nach, welche AGs sie wählen möchten. Es kann auch eine Klassenstatistik erstellt werden.

13 Vor dem Spiel wiederholen Sie mit den S die Konjugation des Verbs „möchte" und schreiben sie an die Tafel. Die S festigen die Formen im Würfelspiel. Sie können die Sätze auch ins Heft schreiben.
3 Zu Übung 12 im ÜB können Sie die Satzmaschine einsetzen (***Kopiervorlage 3***).

Kommst du mit?

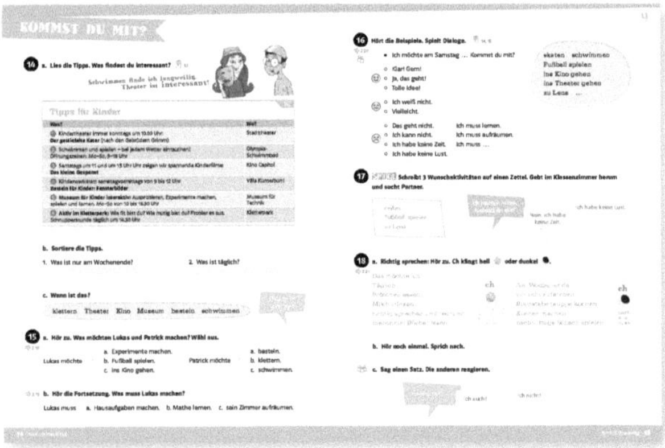

Lernziel: Die S machen sich anhand eines Programmangebots mit Freizeitaktivitäten vertraut und verabreden sich. Sie lernen, wie sie einen Vorschlag annehmen oder ablehnen können. Zur Begründung wird das Modalverb „müssen" hinzugezogen. Daran schließt die Unterscheidung der Ich- und Ach-Laute an.

14 **a.** Klären Sie mit den S, welche Textsorte das ist: ein Programm für die Freizeit. Führen Sie das Wort „interessant" als Gegensatz zu „langweilig" ein. Machen Sie die S vor dem Lesen darauf aufmerksam, dass sie nicht jedes Wort kennen müssen, um den Text zu verstehen. Nach dem Lesen besprechen Sie mit den S, was ihnen beim Verstehen geholfen hat. Klären Sie gemeinsam, um welche Freizeitaktivitäten es geht, und lassen Sie die S Programme auswählen, die sie interessant finden. Dann fragen sie einander: „Was findest du interessant?"

b. Teilen Sie die S in zwei Gruppen: eine Wochenend-Gruppe und eine Täglich-Gruppe. (Vergewissern Sie sich, dass die Bedeutung der zwei Wörter klar ist.) Dann wählen die Gruppen Tipps aus, die zu ihnen gehören. Als Kontrolle benutzen Sie ***14c***.
Als Zusammenfassung zu den Zeitangaben sehen sich die S den entsprechenden Grammatikteil (***Grammatik mit den Deutschprofis, Wann?***) an.

⓯ **b.** Im Hörtext (***Track 19***) kommt das Modalverb „müssen" zum ersten Mal vor. Anhand des gehörten Kontextes entdecken die S die Bedeutung von „müssen". Betrachten Sie anschließend mit den S den Comic und die Verbformen im Grammatikteil (***Grammatik mit den Deutschprofis***).
Zur Zusammenfassung und Entspannung hören und lesen die S den Rap von der ***Spielwiese*** und rappen mit.

⓰ **Alternative:** Teilen Sie die S in zwei Gruppen. Beim Hören (***Track 20***) konzentriert sich eine Gruppe darauf, was die Kinder machen möchten, und die andere, ob der Vorschlag angenommen oder abgelehnt wird.
Tipp: Zum Dialogspielen können die S einen Smiley-Würfel (***Kopiervorlage 2, mit verschiedenen Smileys versehen***) verwenden und dem gewürfelten Smiley entsprechend antworten. Die möglichen Antworten können die S vorab auf ein Lernplakat schreiben, das sie beim Sprechen zu Hilfe nehmen. 2
Die Satzklammer können die S mit den ***Satzmodellen*** (***Profiseite***) und dem Grammatik-Clip einüben. L9

⓱ **Tipp:** Die Aufgabe wird interessanter, wenn die S zu jedem Wunsch den Namen des Kindes, das mitmacht, notieren. Wer findet am schnellsten je einen Partner für alle drei Wünsche? Das Lernplakat aus Aufgabe 16 kann auch hier zu Hilfe genommen werden.

⓲ **a.** Zur Unterscheidung des Ich- und des Ach-Lauts werden die Eigenschaften hell und dunkel herangezogen und mit Sonne bzw. Mond symbolisiert. Machen Sie nach dem Hören (***Track 21***) auf die unterschiedliche Bildung aufmerksam (Ich-Laut vorn, Ach-Laut hinten).
Tipp: Hängen Sie eine Sonne und einen Mond in zwei Ecken des Raums auf. Die S schließen ihre Augen und zeigen beim Hören in die richtige Ecke, je nachdem, ob sie einen hellen Ich- oder einen dunklen Ach-Laut hören.
b. Tipp: Beim Nachsprechen decken die S ihre Augen mit den Händen ab, wenn sie einen dunklen Ach-Laut hören, bei einem hellen Ich-Laut nehmen sie die Hände weg.
c. Tipp: Die S spielen Sprechtheater: Ein S sagt z. B. „Ich möchte Computer spielen." Einige rufen: „Ich auch!", andere haben keine Lust – „Ich nicht!". Sie verknüpfen die Sätze „Ich auch!" und „Ich nicht!" mit einer Emotion (erfreut, traurig, wütend, ängstlich usw.).

DAS KANNST DU SCHON!

1. Die S spielen die Minidialoge in Paaren vor.
2. Wimmelspiel: Notieren Sie die Dialogteile auf Papierstreifen. Je nach Gruppengröße arbeiten die S allein oder in Paaren. Sie bekommen einen beschrifteten Papierstreifen. Auf ein bestimmtes Signal laufen sie im Raum umher und versuchen, ihre Partner zu finden.

10 MEIN GEBURTSTAG

Einstieg:
Die S lernen die Monatsnamen und die Zeitangabe mit „im“ (im September). Die Fotos beziehen sich auf verschiedene Ereignisse im Jahr und ermöglichen einen offenen, interkulturellen Zugang.
Bringen Sie einen Kalender mit und führen Sie die Wörter „der Kalender“ und „der Monat“ ein. Fragen Sie die S, wie viele Monate ein Jahr hat. Nach dem Hören (***Track 23***) vergleichen die S die deutschen Monatsnamen mit den eigenen. Welche klingen ähnlich? Welche sind ganz anders?
Beim zweiten Hören sprechen die S die Monatsnamen nach. Achten Sie dabei auf die richtige Betonung. Die S können beim Sprechen den Wortakzent klopfen.
Sie können die Bilder an die Wand / das Whiteboard projizieren. Zeigen Sie auf ein Bild und fragen Sie die S: „Wann ist das für dich? Im ...?“

Alles Gute!

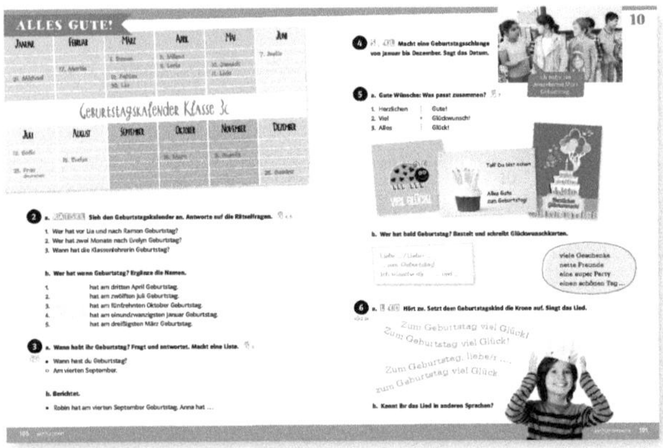

Lernziel: Die S lernen, wie man das Datum angibt und welche Bräuche es in den deutschsprachigen Ländern rund um den Geburtstag gibt (Glückwünsche, Geburtstagsparty, Geschenke, Geburtstagslieder, Partyspiele). Sie lernen auch, Glückwünsche zu äußern. Der Geburtstag ist den D-A-CH-Ländern eines der der wichtigsten Feste, auch für Erwachsene.

2 Sie können den Geburtstagskalender der Klasse 3c an die Wand / das Whiteboard projizieren. Lassen Sie die S alle Informationen entnehmen: Wie viele Kinder gehen in die Klasse? Wie viele Mädchen bzw. Jungen? Wie heißt die Klassenlehrerin? Dann fragen Sie: In welchem Monat hat Jasmin / Michael usw. Geburtstag? Danach lösen die S die Rätselfragen und ergänzen die Sätze mit den Namen (***2b***). Anschließend gehen Sie auf die Datumsangabe ein. Die Ordinalzahlen sind aus Lektion 8 bekannt. Die S suchen nach Regelmäßigkeiten (am + Endung -n bei den Ordinalzahlen). Sie können auch den entsprechenden Grammatikteil (***Grammatik mit den Deutschprofis***) hinzuziehen.

3 **a. Tipp:** Bereiten Sie Karten mit den Geburtsdaten der S vor. Nehmen Sie eine Karte und fragen Sie: „Wer hat am ... Geburtstag?“ Wenn jeder seine Karte bekommen hat, fragen die S einander: „Wann hast du Geburtstag?“ Sie können einen Geburtstagskalender für die eigene Klasse gestalten. Teilen Sie die S in Gruppen nach den Monaten. Sie gestalten ein Blatt zu ihrem Monat: Sie malen ein typisches Bild dazu und tragen die entsprechenden Namen ein. Stellen Sie die Blätter zu einem Kalender zusammen und hängen Sie das Produkt im Klassenzimmer auf.
b. Alternativen:
1. Rätselfragen: Die S entwickeln in Paaren / Kleingruppen Rätselfragen zum eigenen Geburtstagskalender wie in ***2a*** (z. B. Wer hat vor ... und nach ... Geburtstag? Wer hat zwei Wochen nach ... Geburtstag?).
2. Ratespiel: Ein S denkt an ein Kind aus der Klasse. Die anderen fragen nach dem Geburtsdatum: „Hat dieses Kind am ... Geburtstag?“ Wer richtig rät, kann ein neues Kind auswählen.

❹ D-A-CH-Info: Wer Geburtstag hat, den nennt man in den deutschsprachigen Ländern Geburtstagskind, auch wenn er kein Kind mehr ist. Zum Geburtstag reicht man dem Geburtstagskind die Hand, gratuliert und wünscht ihm alles Gute. Wenn man persönlich nicht gratulieren kann, schreibt man eine Glückwunschkarte oder eine Kurznachricht bzw. E-Mail oder ruft an. Wenn das Geburtstagskind zu einer Feier einlädt, überreicht man ein verpacktes Geschenk. Oft singt man auch ein Geburtstagslied.

❺ **a.** Sie können die Geburtstagskarten an die Wand / das Whiteboard projizieren. Führen Sie das Wort „die Glückwunschkarte" ein. Dann lesen die S die guten Wünsche und suchen die Paare.
b. Tipp: Sammeln Sie die Karten mit den Geburtsdaten aus ***3a*** und verteilen Sie sie neu. Jeder S bastelt eine Glückwunschkarte für den S, dessen Geburtsdatum er bekommen hat. Man kann die Karte auch schön dekorieren. Wenn die S fertig sind, überreichen sie einander die Karten und sagen einander gute Wünsche wie in ***5a***.

❻ **a.** Die S hören das Geburtstagslied (***Track 24***) und singen mit. Wenn sie das Lied auch in anderen Sprachen kennen, können sie auch diese Versionen singen (***6b***).

Ich lade dich ein

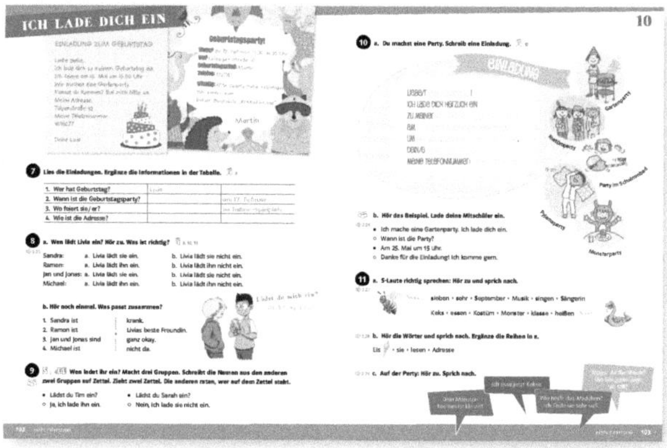

Lernziel: Die S formulieren schriftliche und mündliche Geburtstagseinladungen. Dabei wenden sie die Personalpronomen im Akkusativ (mich, dich, ihn, sie) an.
In der abschließenden Phonetik-Aufgabe unterscheiden sie die stimmhaften und stimmlosen S-Laute.

❼ Betrachten Sie mit den S die zwei Einladungskarten, führen Sie die Wörter „die Einladung" und „einladen" ein. Dann lesen die S die Einladungen und tragen die fehlenden Informationen in die Tabelle ein. Besprechen Sie mit den S, welche Strategie sie angewendet haben (selektives Lesen – Suche nach bestimmten Informationen).

❽ Besprechen Sie nach dem Hören (***Track 25***), wann man „sie" bzw. „ihn" verwendet (***a***). Beim zweiten Hören (***b***) geben die S an, wie Livia ihre Wahl begründet.

❾ Im Spiel festigen die S die Formen „ihn" und „sie". Sie können die Beispielsätze als Hilfe an die Tafel schreiben. Markieren Sie „Tim" und „ihn" mit Blau, „Sarah" und „sie" mit Rot.

❿ **a.** Betrachten Sie zuerst mit den S die Bilder. Welche Partyidee finden die S gut?
Tipp: Die S können die Partys auch als Standbilder darstellen. Wenn Sie klatschen, kommt das Bild in Bewegung. Wenn Sie wieder klatschen, erstarrt das Bild.
Dann schreibt jeder seine Einladung ins Heft oder auf ein Blatt, das auch dekoriert wird.
b. Zur Einführung der Formen „mich" und „dich" betrachten Sie mit den S das Bild mit den Deutschprofis in ***8b***. Die S hören ***Track 26*** und sprechen den Dialog nach. Besprechen Sie mit den S, wie sie eine Einladung evtl. höflich ablehnen können (vgl. Lektion 9/16).
Spieltipp: Die S gehen im Raum herum und laden einander ein. Sie notieren, wer zugesagt hat bzw. zu welcher Party sie eingeladen sind (***Kopiervorlage 17***). Am Ende bilden die S einen Kreis. Sie stehen außerhalb des Kreises 17

und sagen: „Die …party fängt an!“ Alle S, die zu dieser Party eingeladen sind, gehen in die Kreismitte und nehmen eine „Partyposition“ ein, solange Sie mit den anderen laut bis 10 zählen. Bei 10 müssen sie in ihrer Position „einfrieren“. Die anderen raten, was die einzelnen S gerade machen. Dann klatschen Sie, um das Bild in Bewegung zu setzen. Danach wählen Sie eine andere Party, die beginnt. Ein S kann später Ihre Rolle übernehmen.
Als Zusammenfassung können die S den entsprechenden Grammatikteil (***Grammatik mit den Deutschprofis, mich, dich, ihn, sie***) lesen.
An dieser Stelle können die S die klassischen Partyspiele der ***Spielwiese*** lesen und ausprobieren. Welches Spiel gefällt ihnen am besten? Sind diese Spiele auch bei ihnen bekannt?

11 **a.** Die Aufgabe macht den Unterschied zwischen stimmhaften und stimmlosen S-Lauten bewusst. Zeigen Sie zuerst ein Bild von einer Biene. Sie können auch die erste Strophe des Liedes „Summ, summ, summ, Bienchen summ herum“ vorspielen. Die S ahmen das Summen einer Biene nach. Zeigen Sie dann das Bild von einer Schlange. Ahmen Sie mit den S das Zischen einer Schlange nach. Danach hören die S ***Track 27*** und sprechen die Wörter nach. Die S können auch ein Lernplakat zu den verschiedenen S-Lauten entwickeln.
b. Hängen Sie die zwei Bilder (Biene und Schlange) in zwei Ecken des Raumes. Die S schließen ihre Augen und zeigen beim Hören (***Track 28***) in die entsprechende Ecke. Anschließend können sie das Lernplakat mit den neuen Wörtern ergänzen.
c. Die S hören ***Track 29*** und sprechen die Sätze nach. Dann können sie sagen, auf welcher Party (vgl. ***10a***) sie diese Sätze hören könnten.

Geschenke

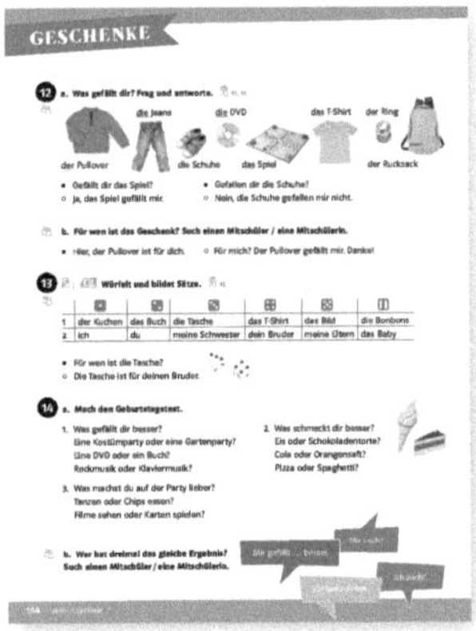

Lernziel: Die S lernen Wendungen, mit denen sie Gefallen bzw. Missfallen ausdrücken und sich für ein Geschenk bedanken können. Sie lernen auch die Präposition „für“ und die Wörter „lieber“ und „besser“ kennen.

12 **a.** Führen Sie das neue Thema „Geschenke“ ein, indem Sie erklären, dass das Geburtstagskind viele Geschenke bekommt. (Sie können auch das Foto auf der Einstiegsseite nutzen.) Sie können die Bilder der Gegenstände an die Wand / das Whiteboard projizieren. Nennen Sie die Gegenstände einzeln, lassen Sie die S die Wörter im Chor nachsprechen. Dann betrachten die S die Bilder und wählen Gegenstände aus, die sie gut finden. Sie können sie mit einem Smiley kennzeichnen. Erklären Sie den S, dass sie auch das Verb „gefallen“ benutzen können, wenn sie ausdrücken wollen, ob sie etwas gut oder nicht gut finden. Um die neue Struktur zu üben, fragen Sie einige S: „Gefällt / Gefallen dir …?“
Die S lesen die Modelldialoge mit verteilten Rollen vor. Besprechen Sie mit den S, wann sie „gefällt“ bzw. „gefallen“ benutzen müssen. Dann üben die S einige Dialoge im Plenum, anschließend paarweise.
b. Überreichen Sie einem S ein „Geschenk“: „Der Stift ist für dich. Gefällt er dir?“ Dann lesen die S den Modelldialog mit verteilten Rollen vor. Sie sollen dabei auf die richtige Intonation achten. Anschließend üben sie den Dialog als Kettenspiel. Die S lernen „gefällt dir / mir“ als Chunk, auf den Dativ wird hier nicht eingegangen.

13 Bearbeiten Sie zuerst mit den S den entsprechenden Grammatikteil (***Grammatik mit den Deutschprofis, für + Akkusativ***). Dann können die S in Paaren mit dem Würfelspiel die Frage „Für wen?“ und die Präposition „für“ mit dem Akkusativ einüben. Die Dialoge können sie ins Heft schreiben.

14 **a.** Die S machen zuerst den Geburtstagstest: Sie markieren ihre Antworten im KB oder schreiben sie ins Heft. Die Bedeutung von „besser" und „lieber" erschließen die S aus dem Kontext, der grammatische Hintergrund wird nicht thematisiert. Besprechen Sie mit den S die Sätze in den Sprechblasen. Dann gehen die S im Raum spazieren und suchen nach den Mitschülern, die im Test die gleiche Antwort angegeben haben. Sie verwenden dabei die Sätze in den Sprechblasen. Wer findet am schnellsten dreimal das gleiche Ergebnis?
Alternative: Es kann auch eine Klassenstatistik erstellt werden: Was für eine Geburtstagsparty gefällt der Klasse?
Zur Entspannung können die S ein Logical (***Kopiervorlage 18***) lösen. (Lösung: Thomas, Roboter, Pyjamaparty; Max, Rucksack, Monsterparty; Felix, Fußball, Kostümparty) 18

Kannst du mir helfen?

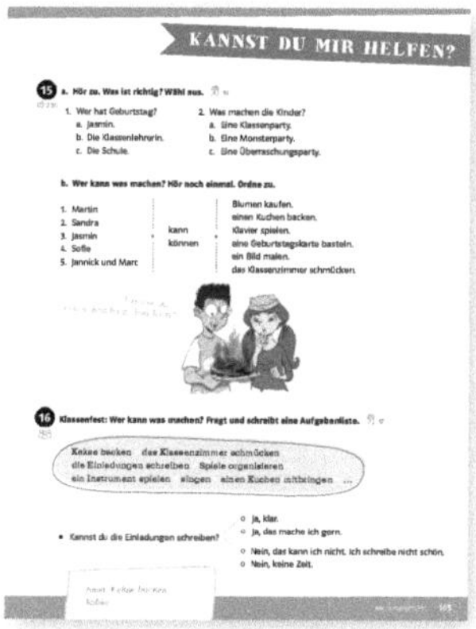

Lernziel: In diesem Teil geht es um die Organisation einer Klassenparty und die damit verbundenen Aufgaben. Die S geben ihre Fähigkeiten mit Hilfe des Modalverbs „können" an.

15 Vor dem Hören (***Track 30***) lesen die S die Fragen und die möglichen Antworten (*a*). Nach der Kontrolle lesen Sie mit den S, was die Kinder für die Überraschungsparty alles machen möchten (*b*). Erklären Sie die Bedeutung der neuen Wörter (die Blume, schmücken, backen). Um die neuen Wörter einzuüben, fragen Sie zuerst: „Was können wir kaufen / backen / …?" Die S können die Aktivitäten auch pantomimisch darstellen und die anderen raten lassen. Dann hören sie den Text noch einmal.
Differenzierung: Verteilen Sie die Namen oder die Tätigkeiten unter den S, damit sie sich beim Hören nur auf einen Namen / eine Tätigkeit konzentrieren.
Besprechen Sie mit den S den Unterschied zwischen „kann" und „können". Betrachten Sie dann mit den S das Bild mit den Deutschprofis. Sie können einander nach Fähigkeiten fragen: „Kannst du …? – Ja, ich kann … / Nein, ich kann nicht …"
Zu Übung 16 im ÜB können Sie die Satzmaschine einsetzen (***Kopiervorlage 3***). 3

16 Das Thema Klassenfest können Sie auch mit dem Comic (***Grammatik mit den Deutschprofis***) einführen: Die S erstellen in Gruppen eine Aufgabenliste für eine Klassenparty. Dann vergleichen sie ihre Listen miteinander und lesen die Modelldialoge. Anschließend besprechen sie in Gruppen, wie sie eine ablehnende Antwort begründen könnten. So können sie auch die Negationsformen wiederholen. Zum Schluss besprechen sie in Gruppen, wer welche Aufgabe übernimmt. Im Idealfall wird die Klassenparty nicht nur geplant, sondern auch gefeiert.

17 Dieser Aufgabentyp ist an die Prüfung *Fit in Deutsch* angelehnt. Die S hören drei kurze Texte vom Anrufbeantworter. Vor dem Hören sollten sich die S angewöhnen, die Aufgaben durchzulesen, damit sie wissen, worauf sie achten sollen. Anschließend besprechen Sie mit den S, welche Hörstrategie sie angewendet haben (selektives Hören – Konzentration auf die angegebenen Wörter).

DAS KANNST DU SCHON!

1. Die S spielen die Minidialoge in Paaren vor.
2. Wimmelspiel: Notieren Sie die einzelnen Dialogteile auf Papierstreifen. Je nach Gruppengröße arbeiten die S allein oder in Paaren. Sie bekommen einen beschrifteten Papierstreifen. Auf ein bestimmtes Signal laufen sie im Raum umher und versuchen, ihre Partner zu finden.

11 MEINE LIEBELINGSTIERE

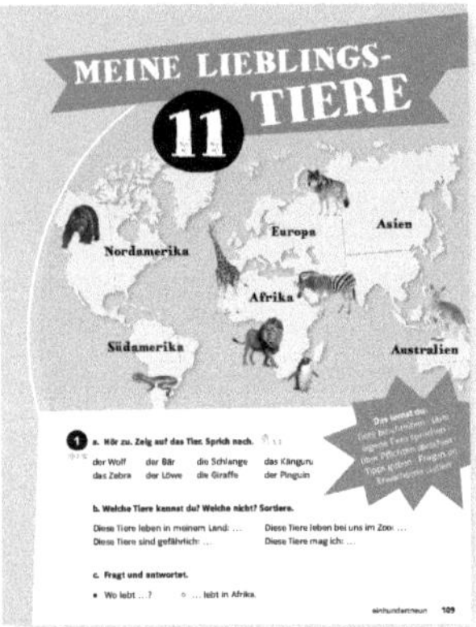

Einstieg:
Die S lernen die Kontinente und einige typische Tiere kennen.
Sie können die Weltkarte an die Wand / das Whiteboard projizieren. Betrachten Sie zuerst mit den S die Bilder und führen Sie ggf. das Wort „das Tier / die Tiere" ein. Beim Hören (***Track 32***) zeigen die S auf das entsprechende Tier. Sie können bei Tieren mitzeigen, deren Namen unbekannt sind bzw. sich aus der Muttersprache der S nicht erschließen. Beim Nachsprechen konzentrieren sich die S auf den richtigen Wortakzent. Dieser kann auch geklopft werden.

Besprechen Sie mit den S, welche der Tiere auch in ihrem Land leben und welche im Zoo zu sehen sind. Führen Sie das Wort „gefährlich" mit Gestik und Mimik ein und besprechen Sie mit den S, welche Tiere gefährlich sind. Danach teilen Sie Papierherzen aus, auf die die S notieren, welche Tiere sie mögen. Wenn sie fertig sind, fragen sie einander als Kettenspiel: „Welche Tiere magst du? Ich mag …" Das Herz können sie in ihr Heft kleben. Führen Sie die Namen der Kontinente ein. Fragen Sie: „Welches Tier lebt in Afrika / in Nordamerika?" usw. Dann ändern Sie die Frage: „Wo lebt …?" Anschließend fragen die S einander in Paaren.
Alternative: Ein S denkt an ein Tier. Die anderen raten mit Hilfe von Ja- / Nein-Fragen, wo das Tier lebt: „Lebt das Tier in …? Ist es der / das / die …?" Wer richtig rät, ist dran. Das Ratespiel kann auch in Paaren gespielt werden.

Mein Tierlexikon

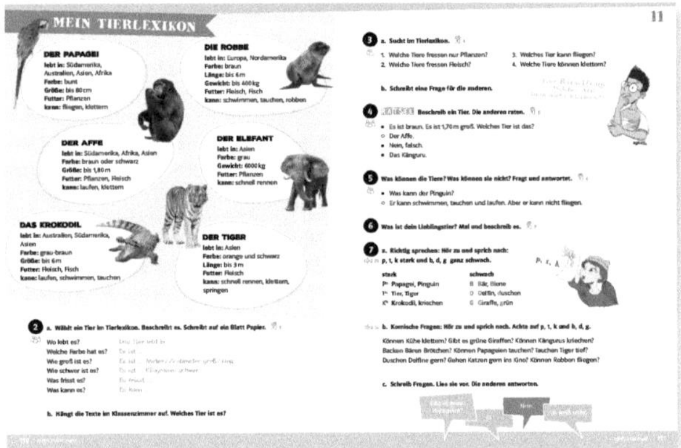

Lernziel: Die S entnehmen einem Tierlexikon Informationen über Tiere und beschreiben sie, indem sie Herkunft, Farbe, Länge, Gewicht, Futter und Fähigkeiten angeben. Sie stellen einander Fragen mit „welche/r/s". Im Phonetikteil üben sie die richtige Aussprache der stimmhaften und stimmlosen Plosive (p, t, k, b, d, g) anhand des Lektionswortschatzes.

2 **a.** Sie können ein Tierlexikon mitbringen oder das Tierlexikon im KB an die Wand / das Whiteboard projizieren. Fragen Sie, wer zu Hause ein Tierlexikon hat. Was findet man darin alles? Ordnen Sie anschließend mit den S die Fragen den Informationen im Tierlexikon zu. Danach wählen die S ein Tier aus, das sie mit Hilfe der Satzanfänge im KB beschreiben, ohne das Tier zu nennen.
b. Alternative: Sie sammeln die Texte ein und verteilen sie neu. Jeder soll einen Text lesen und erraten, welches Tier im Text beschrieben ist.

3 **a.** Die Suche im Tierlexikon kann auch als Wettbewerb durchgeführt werden. Die S können allein, in Paaren oder in Gruppen arbeiten. Sie notieren ihre Antworten ins Heft. Wer findet die Antworten am schnellsten?
b. Die S schreiben Fragen für die anderen und stellen sie im Plenum. Jeder notiert seine Antworten ins Heft. Wer hat alle Fragen richtig beantwortet? Gehen Sie danach auf die Formen des Fragewortes „welche-" ein.

❹ Als Motivation können die S die Rätselfrage von Leo lösen. Sie können überlegen, ob sie ähnliche Rätselfragen mit Tieren in ihrer Muttersprache kennen. Dann lesen die S den Dialog in verteilten Rollen und erstellen ähnliche Dialoge in Paaren. Dazu können sie auch die Tiere von der Einstiegsseite verwenden.

❺ **Tipp:** Sammeln Sie vor dem Dialogspiel in einer Mindmap, welche Tiere die S schon kennen und was die Tiere alles machen können. Die S können sich beim Sprechen darauf stützen.

❻ Jeder S wählt sein Lieblingstier, beschreibt es und malt es oder bringt ein Bild mit. Die S sitzen im Kreis. Die Bilder liegen in der Mitte. Jeder liest seine Beschreibung vor, und die anderen wählen das passende Bild aus. Aus den Texten und Bildern kann ein Album mit dem Titel „Unsere Lieblingstiere" zusammengestellt werden.
Alternative: Die S erstellen ihr eigenes Tierlexikon: Jeder wählt mindestens fünf Tiere aus, die er beschreibt und zu denen er ein Bild malt oder in einer Zeitschrift o. Ä. sucht. Jeder fertigt außerdem ein Deckblatt und ein Inhaltsverzeichnis für sein Lexikon an. Die S stellen ihr Tierlexikon im Plenum oder in der Kugellagerformation vor.

❼ Beim Nachsprechen kann die im KB abgebildete Technik angewendet werden: Durch den erzeugten Luftstrom sollte das Blatt sich bei p, t, k bewegen (*a*). In ***b*** hören die S die komischen Fragen (***Track 34***) und versuchen sie zu beantworten. Dabei können sich die S auf die Sprechblasen in ***c*** stützen. Anschließend schreiben sie ähnliche Fragen in Paaren oder Gruppen, die die anderen mit Hilfe der Sprechblasen beantworten.

Unsere Tier-AG

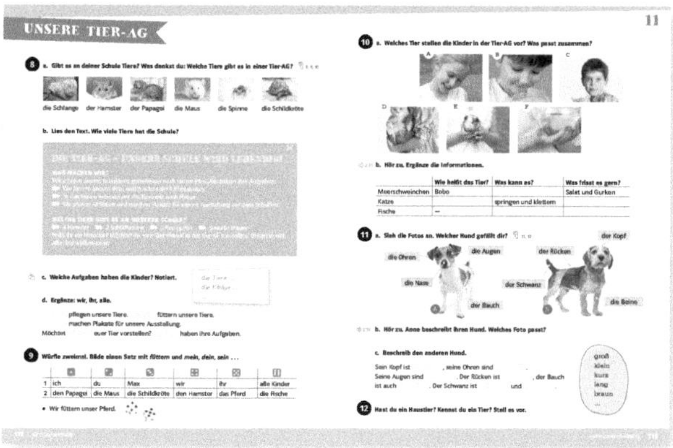

Lernziel: Die S sprechen über Tierpflege und lernen die Possessivartikel „unser/e" und „euer / eure" kennen. Sie stellen ihre Haustiere vor, bei denen sie neben Namen, Fähigkeiten und Futter auch die wichtigsten Körperteile beschreiben.

❽ **a.** Der Begriff „AG" ist aus Lektion 9 bekannt. Die S können zuerst auch ohne die Bilder im KB überlegen, welche Tiere es an einer Schule geben kann. Dann können Sie die Tierbilder an die Wand / das Whiteboard projizieren und mit den S darüber sprechen, welche Tiere in einer Tier-AG vorstellbar sind. Die S können auch Tiere nennen, die es bei ihnen in der Schule gibt.
Spieltipp: Zur Festigung der Tiernamen können die S Tierlotto (***Kopiervorlage 19***) spielen. 19
b. Der Textinhalt wird in zwei Schritten bearbeitet: Beim ersten Lesen suchen die S nach den Tieren und zählen sie zusammen. Beim zweiten Lesen notieren sie die Aufgaben der Kinder in der Tier-AG (*c*). Zum Schluss ergänzen sie den Lückentext (*d*). Dabei stellen sie den Zusammenhang zwischen Personalpronomen und Possessivartikel her. Sprechen Sie mit den S darüber, ob sie gern in einer Tier-AG mitmachen würden.

❾ Mit dem Würfelspiel üben die S spielerisch die Konjugation des Verbs „füttern" und bereits bekannte sowie neue Formen der Possessivartikel.
Spieltipp: Den neuen Wortschatz (Pflichten) können die S mit einem Trimino (***Kopiervorlage 20***) einüben. (Lösung: den Käfig saubermachen, mit dem Hund spazieren gehen, das Tier füttern, zum Tierarzt gehen, den Tierarzt fragen, mit dem Tier spielen, Plakate machen, einen Hamster haben, das Aquarium sauber machen, Futter kaufen, Aktionen planen, Tiere pflegen) 20

10 Die S fügen die Bilder zusammen. Führen Sie die Tiernamen „das Meerschweinchen“, „der Fisch / der Goldfisch“ ein (*a*). Dann hören die S ***Track 35*** und ergänzen die Tabelle mit den fehlenden Informationen (*b*). Als Differenzierung können Sie die Tiere unter den S aufteilen, damit sie sich beim Hören nur auf ein Tier konzentrieren.

11 Sie können die Bilder an die Wand / das Whiteboard projizieren. Die S sagen, welcher Hund ihnen gefällt (*a*). Führen Sie dann mit Hilfe der Bilder die Bezeichnungen für die Körperteile ein, bevor die S ***Track 36*** hören und das passende Foto auswählen (*b*). Sie hören den Text noch einmal und ergänzen dann die Beschreibung des anderen Hundes (*c*).

12 Die S stellen ihr eigenes Haustier vor oder ein Tier, das in ihrer Nachbarschaft / Familie / usw. lebt. Den S, die kein Haustier haben, können Sie Fotos von Haustieren zur Verfügung stellen. Wiederholen Sie den Unterschied zwischen „sein/e“ und „ihr/e“ (Lektion 7).

Frag nach!

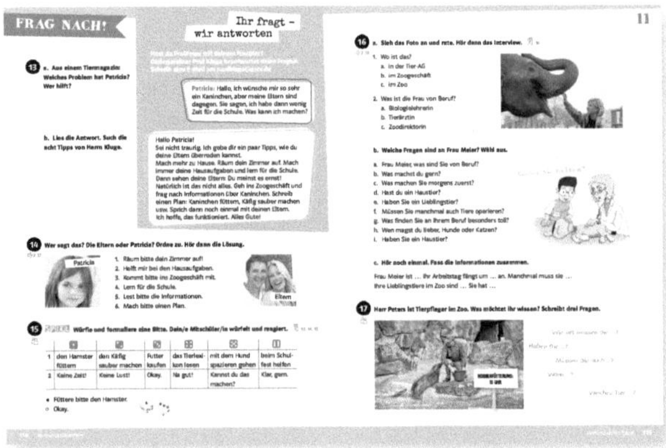
FRAG NACH!
Ihr fragt – wir antworten
11

Lernziel: Die S lernen den Imperativ in Form von Tipps und Bitten kennen. Anhand eines Interviews mit einer Tierärztin lernen Sie das Siezen und formulieren Fragen an Erwachsene.

13 Bringen Sie, wenn möglich, Tierzeitschriften mit, um das Wort „Tiermagazin“ einzuführen. Fragen Sie die S, wer von ihnen Tiermagazine liest und was alles in einem Tiermagazin steht. Danach bearbeiten die S den Text in zwei Schritten: Sie erfassen zunächst das Problem (*a*) und suchen dann nach den Tipps (*b*). Schreiben Sie die Tipps an die Tafel. Besprechen Sie mit den S, was an diesen Sätzen gleich ist (jeder Satz fängt mit dem Verb an, Personalpronomen und Verb-Endung fehlen).

14 In der Zuordnungsaufgabe können die S die entsprechenden Ziffern unter die Fotos schreiben. Gruppieren Sie mit den S die Sätze an der Tafel. Was ist gleich an den Sätzen, die Patricia zu den Eltern sagt? (Jedes Verb endet auf -t.) Die S markieren die Gemeinsamkeiten.
Betrachten Sie mit den S den Grammatik-Comic und die Tabelle (***Grammatik mit den Deutschprofis, Imperativ: Tipps und Bitten***). Erklären Sie, dass der Imperativ Sg. aus der du-Form gebildet wird.
Tipps zum Imperativ:
1. Lassen Sie die S du-Formen bekannter Verben auf Zettel schreiben und dann das Personalpronomen sowie die Endung abschneiden. So prägen sie sich die Bildung besser ein.
2. Sie sind der Spielleiter und sagen was die S tun müssen. Immer wenn Sie einen Satz im Imperativ rufen, müssen die S genau das tun (z. B. „Mach Karate!“). Rufen Sie jedoch einen Satz im Indikativ (z. B. „Du machst Karate.“), müssen alle ganz still stehen bleiben und dürfen sich nicht bewegen. Bemerkt der Spielleiter, dass sich jemand bewegt oder wackelt, so scheidet dieser S aus. Der Letzte, der übrig bleibt, hat gewonnen.

15 Mit dem Würfelspiel können die S in Paaren Bitten und entsprechende Reaktionen formulieren. Besprechen Sie zuerst mit den S die Verbformen im Imperativ und schreiben Sie die Imperativ-Formen an die Tafel. Die Dialoge können die S ins Heft schreiben.
Hören Sie zur Entspannung das Gedicht von der ***Spielwiese*** (***Track 41***). Sie können den Text an die Wand / das Whiteboard projizieren. Die S lesen und sprechen mit und malen dann Millis Zoo.
Alternativen:
1. Die S sammeln Ideen, was für Tiere sie sich wünschen und schreiben einen Paralleltext, der auch kürzer sein kann. Auch dazu können sie eine Illustration anfertigen und den anderen vorstellen.
2. Die S inszenieren das Gedicht. Zwei S imitieren das Haus, in dem Milli wohnt. Ein Mädchen ist Milli. Die Tiere, die sich Milli wünscht, stellen die S pantomimisch dar: Sie ahmen die Bewegung der Tiere nach. Den Text lesen die anderen im Chor vor.

16 Sie können das Bild an die Wand / das Whiteboard projizieren und die S Hypothesen bilden lassen. Beim Hören (***Track 38***) vergleichen die S das Gehörte mit ihren Ideen (***a***). Vor dem zweiten Hören lesen die S die Fragen (***b***) und versuchen den Unterschied zwischen der du- und der Sie-Form zu erkennen. Schreiben Sie einige Fragen an die Tafel und machen Sie den Unterschied bewusst. Zum Schluss hören die S das Interview noch einmal und achten jetzt auf die Antworten. In Gruppen oder Paaren fassen sie mit Hilfe der Satzanfänge die Informationen zusammen (***c***).
Betrachten Sie mit den S den passenden Grammatikteil (***Grammatik mit den Deutschprofis, unser, euer, ihr, Ihr***).

17 Sie können das Bild an die Wand / das Whiteboard projizieren und fragen: „Wo ist das?“ „Wer ist das?“ Besprechen Sie mit den S, was ein Tierpfleger im Zoo macht. Dann schreiben die S in Paaren oder Gruppen Fragen in der Sie-Form. Sie können auch die Fragen von ***16b*** zu Hilfe nehmen.

18 Die Höraufgabe ist an die Prüfung *Fit in Deutsch* angelehnt. Die S hören zwei Gespräche (***Track 39 und 40***) und lösen je drei Richtig-Falsch-Aufgaben. Vor dem Hören sollten sie sich angewöhnen, die Aufgaben durchzulesen, damit sie wissen, worauf sie achten sollen. Anschließend besprechen Sie mit den S, welche Strategien sie beim Hören benutzt haben.
Zur Entspannung können Sie mit den S das Rätsel von der ***Spielwiese*** lösen. Die S können auch versuchen, einander ähnliche Fragen zu stellen.
Runden Sie die Lektion mit dem Thema Tiere in D-A-CH von der ***Spielwiese*** ab. Sie können die Bilder an die Wand / das Whiteboard projizieren und mit den S besprechen, ob sie die Tiere kennen:
1. Der Bernhardiner aus der Schweiz ist als Rettungshund bekannt.
2. Das Denkmal der „Bremer Stadtmusikanten“ steht in Bremen und stellt die vier Tiere Esel, Hund, Katze, Hahn aus dem gleichnamigen Märchen der Gebrüder Grimm dar.
3. Das Murmeltier lebt in den Alpen.
4. Der Bär ist das Wappentier von Berlin. Die bunt bemalten „Buddy Bären“ gibt es nicht nur in Berlin – sie reisen durch die ganze Welt.

DAS KANNST DU SCHON!
1. Die S spielen die Minidialoge in Paaren vor.
2. Wimmelspiel: Notieren Sie die einzelnen Dialogteile auf Papierstreifen. Je nach Gruppengröße arbeiten die S allein oder in Paaren. Sie bekommen einen beschrifteten Papierstreifen. Auf ein bestimmtes Signal laufen sie im Raum umher und versuchen, ihre Partner zu finden.

12 MEIN JAHR

Einstieg:
Die S lernen die Jahreszeiten auf Deutsch und beschreiben das Wetter und die Natur mit einfachen Mitteln.
Betrachten Sie zuerst mit den S die Bilder, die Sie an die Wand / das Whiteboard projizieren, und führen Sie „die Jahreszeit" sowie ihre vier Namen ein. Beim Hören (***Track 42***) zeigen die S auf die entsprechende Jahreszeit. Sie kennen zu diesem Zeitpunkt zwar nicht alle Wörter, aber bereits bekannte Wörter helfen beim Hörverstehen.
Tipp: Teilen Sie die S in vier Gruppen: Frühling, Sommer, Herbst und Winter. Vor dem Hören lesen die S die angegebenen Wörter und Ausdrücke in ***1b*** still durch. Jede Gruppe sammelt beim Hören nur die Wörter und Ausdrücke, die zu ihrer Jahreszeit passt.

Projekt: Die S erstellen ein Jahreszeiten-Lapbook, das sie während der Lektion immer wieder mit neuen Elementen ergänzen. Ein Lapbook ist ein Klappbuch, das mehrere verschiedene Klapp- und Faltelemente (Leporello, Falttasche, Faltherz usw.) enthält und viele Informationen aufnehmen kann. Die einzelnen Jahreszeiten können die S z. B. als Ziehharmonika-Mensch darstellen, der Fantasie sind keine Grenzen gesetzt. Die S bringen ihre Ideen schriftlich und gestalterisch in ihr Buch ein. Am Ende der Lektion können die S ihre Lapbooks präsentieren. (Weitere Anregungen auf www.zaubereinmaleins.de)

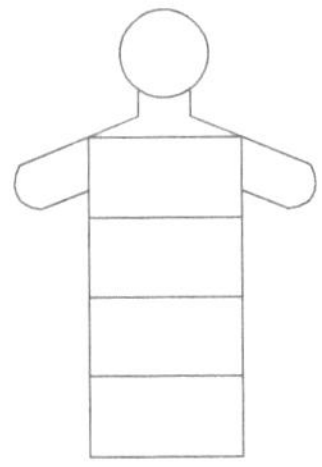

Jahreszeiten und Feste

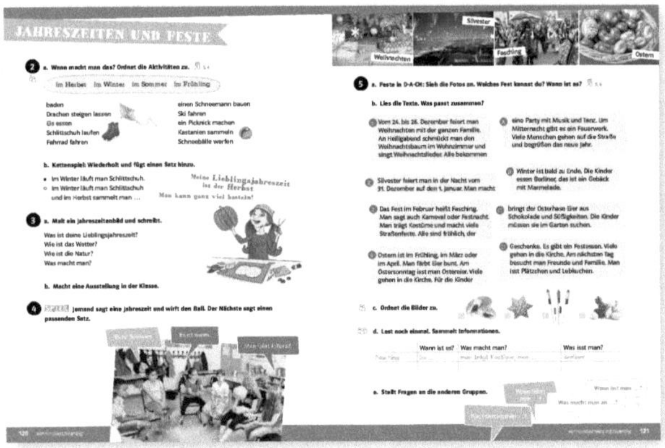

Lernziel: Die S beschreiben Jahreszeiten, indem sie passende Aktivitäten zuordnen und Sätze mit dem Pronomen „man" formulieren. Sie erweitern ihre landeskundlichen Kenntnisse über die wichtigsten Feste in D-A-CH: Weihnachten, Fasching, Ostern und Silvester.

2 **a.** Betrachten Sie zuerst mit den S die angegebenen Aktivitäten. Falls es Aktivitäten gibt, die in Ihrem Land nicht bekannt sind, erklären Sie sie. Die S können auch Aktivitäten hinzufügen, die für ihr Land typisch sind. Um sich mit dem Wortschatz vertraut zu machen, stellen Sie eine Aktivität pantomimisch dar. Wer die Aktivität errät, ist als Nächster dran. Im nächsten Schritt ordnen die S den Jahreszeiten die Aktivitäten zu.
b. Führen Sie vor dem Kettenspiel das Pronomen „man" ein. Wählen Sie eine Aktivität aus ***2a*** und sagen Sie z. B.: „Im Sommer esse ich Eis." Fragen Sie dann einige S: „Isst du im Sommer Eis? Isst deine Mutter / dein Bruder / … im Sommer Eis?" Dann wiederholen Sie die Aussage mit „man" und erklären den S, dass wir mit dem Subjekt „man" ausdrücken, wenn die Menschen etwas im Allgemeinen machen.
Spieltipp: Denken Sie an eine Aktivität. Die S fragen: „Macht man das im Herbst / im Winter …?" Wenn diese Frage geklärt ist, stellen sie Ja- / Nein-Fragen zu den konkreten Aktivitäten. Wer zuerst richtig rät, ist als Nächster dran.

3 **a.** Betrachten Sie vor dem Schreiben mit den S das Bild mit Maja und fragen Sie: Was ist Majas Lieblingsjahreszeit? Warum? Was kann man noch machen? Wie ist das Wetter / die Natur? Dann malt jeder S ein Jahreszeitenbild zu seiner Lieblingsjahreszeit und beschreibt es.

Alternative: Die S erstellen anhand der Fragen ein Faltherz zu ihrer Lieblingsjahreszeit, das sie in das Jahreszeiten-Lapbook kleben können.

b. Alternative: Die S, die dieselbe Jahreszeit gewählt haben, setzen sich zusammen, zeigen einander die Bilder und erzählen, was sie gemalt haben. Dann stellt jede Jahreszeitengruppe den anderen ihre Jahreszeit vor.

5 Führen Sie das Wort „das Fest" sowie die Namen der Feste mit Hilfe der Fotos ein, die Sie an die Wand / das Whiteboard projizieren. Besprechen Sie mit den S, welche Feste sie kennen und wann sie sie feiern (***a***). Die Texte werden in mehreren Schritten bearbeitet. Nach der Zuordnung der Textteile in ***b*** wird das Textverstehen mit Hilfe der Bilder in ***c*** unterstützt. Ziel ist es, dem Text die wichtigsten Informationen über die Feste zu entnehmen. Dazu sortieren die S die Informationen in einer Tabelle in ihrem Heft (***d***).

Alternative: Die S arbeiten in Gruppen, jede Gruppe beschäftigt sich mit einem Fest. Sie erstellen zu ihrem Fest ein Lernplakat oder ein Faltquadrat, das sie in ihr Lapbook kleben.

e. Zum Schluss geben die S die Textinhalte als Frage-Antwort-Spiel wieder. Besprechen Sie zuerst mit den S die möglichen Fragemodelle. Dann sammeln die Gruppen mögliche Fragen. Sie können die Aufgabe als Quizspiel gestalten: Die Gruppen bekommen für jede richtige Frage und Antwort einen Punkt.

Betrachten Sie abschließend mit den S den passenden Grammatikteil (***Grammatik mit den Deutschprofis, man***).

Ferienpläne

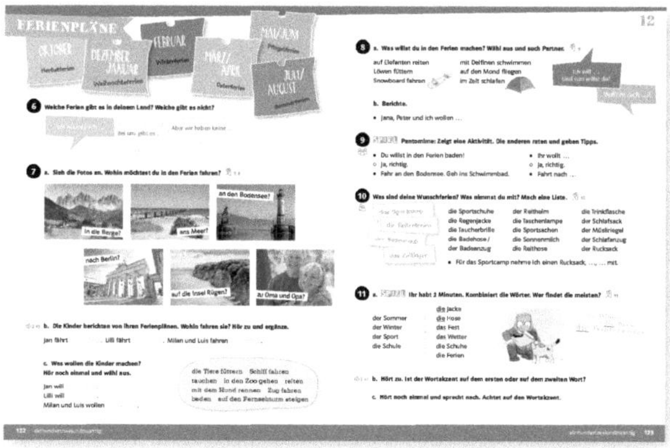

Lernziel: In diesem Teil verknüpfen die S das Lektionsthema „Mein Jahr" mit den Schulferien. Sie machen Pläne für die Ferien und geben Reiseziele an. Dabei wenden sie das Modalverb „wollen" an und lernen zusammengesetzte Nomen kennen. Die Phonetik geht auf den Wortakzent der zusammengesetzten Nomen ein.

6 Als Einstieg ins Thema Ferien betrachten Sie mit den S die Kalenderblätter und besprechen, wann und welche Ferien die Kinder in den D-A-CH-Ländern haben. (Neu ist das Wort „Pfingsten".) Dann vergleichen die S mit Hilfe der angegebenen Satzanfänge ihre Ferien mit denen in D-A-CH.

D-A-CH-Info: Die Angabe der Ferien dient nur zur Orientierung, da Verteilung und Länge der Ferien je nach Bundesland verschieden sind. In einigen Bundesländern gibt es z. B. auch Faschingsferien.

7 **a. Tipp:** Nutzen Sie zur Einführung der Reiseziele eine Landkarte. Lassen Sie die S suchen, wo der Bodensee, die Stadt Berlin und die Insel Rügen sind. Zeigen Sie, wo es ein Meer oder hohe Berge gibt. Dann fragen die S einander: „Wohin möchtest du in den Ferien fahren?"

c. Differenzierung: Vor dem Hören teilen Sie die S in drei Gruppen (Jan / Lilli / Milan und Luis) ein. Die S konzentrieren sich auf die Pläne des Kindes, dessen Namen sie bekommen haben. Klären Sie anschließend mit den S die Bedeutung des Modalverbs „wollen".

8 **a.** Sammeln Sie an der Tafel, was man in den Ferien alles machen kann und lesen Sie auch die Ideen im KB. Dann wählt jeder S eine Aktivität aus und schreibt sie auf einen Zettel: „Ich will …" Die S gehen im Raum spazieren. Auf ein vereinbartes Signal bleiben alle stehen, suchen einen Partner und fragen einander: „Was willst du machen?" In der nächsten Runde suchen die S nach Partnern, die bei der gewählten Aktivität mitmachen wollen.

9 **Tipp:** Die S stehen im Kreis. Zuerst wählt jeder eine Aktivität, die er pantomimisch darstellt. Ihr Nachbar fängt an und Sie raten: „Du willst in den Ferien …". Dann zeigen Sie eine Aktivität und Ihr anderer Nachbar rät. Wenn alle an der Reihe waren, sammeln die S Tipps, wohin man gehen oder fahren könnte, wenn man diese Aktivitäten machen will. Danach spielen die S das Spiel wie im KB beschrieben.
Betrachten Sie mit den S den passenden Grammatikteil (***Grammatik mit den Deutschprofis, wollen***). An dieser Stelle können Sie den ***Grammatik-Comic*** bearbeiten. Nachdem die S den Comic gelesen haben, formulieren sie ihre Wünsche, wohin sie mit der Zeitmaschine fahren möchten. Um die Reiseziele anzugeben, können sie mit einem zweisprachigen Wörterbuch arbeiten.

10 Schreiben Sie die vier Möglichkeiten an die Tafel (Sportcamp, Reiterferien, Badeurlaub, Zeltlager). Welche Ferien gefallen den S? Hatte schon jemand ähnliche Ferien?
Spieltipp: Bereiten Sie Bildkarten zu den angegebenen Gegenständen vor und legen Sie sie auf den Boden
21 (***Kopiervorlage 21***). Die S memorieren die Bilder eine Minute lang, dann schließen sie die Augen und Sie nehmen ein Bild weg. Sie machen die Augen auf und raten, welches Bild fehlt. Wer richtig rät, ist dran, und wählt ein neues Bild. Teilen Sie dann die S in vier Gruppen. Die Gruppen überlegen, was sie für ein Sportcamp / die Reiterferien / einen Badeurlaub / ein Zeltlager mitnehmen.

11 **a.** Die deutsche Sprache ist reich an Komposita, das Zusammensetzen von Wörtern ist die produktivste Art und Weise der deutschen Wortbildung. Diese Technik probieren die S hier aus. Betrachten Sie mit den S das Bild mit Leo und Wau und leiten Sie die Regel ab, wovon der Artikel abhängt. Lesen Sie mit den S den Grammatikteil (***Grammatik mit den Deutschprofis, Nomen + Nomen***). Dann führen Sie das Spiel im KB durch.
b. Tipp: Schreiben Sie die Komposita aus dem Hörtext vorab auf Zettel (das Sommerwetter, die Winterschuhe, das Sportfest, die Schulferien, die Winterjacke, die Sporthose). Die S hören ***Track 44*** und gruppieren die Wörter danach, ob das erste oder das zweite Wort betont ist. Da der Wortakzent immer auf dem ersten Wort liegt, erschließen die S diese Regel somit selbst.

Die Ferien waren toll!

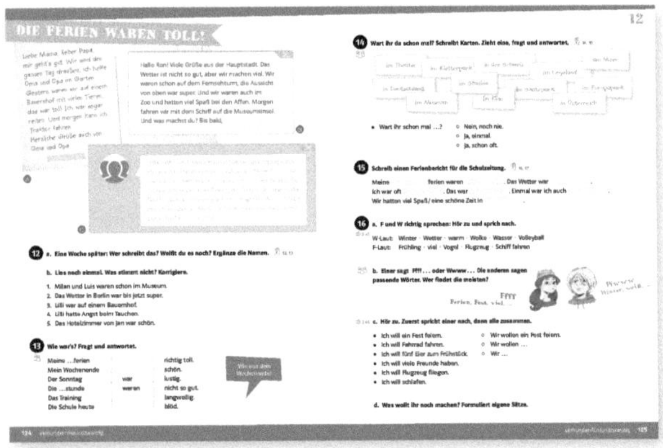

Lernziel: Die S lernen die Verbformen „war" und „hatte" und können damit in ganz einfacher Form über Vergangenes berichten.

12 **a.** Wiederholen Sie zuerst mit den S, wohin Jan, Lilli, Milan uns Luis fahren wollten. Führen Sie die Situation ein: Erzählen Sie, dass die Kinder eine Woche später Briefe geschrieben haben. Die S lesen die Briefe und ordnen die Namen zu.
b. Klären Sie nach dem Lösen der Aufgabe die Bedeutung von „war" und „hatte".

⑬ Fragen Sie zur Einstimmung einige S: „Wie war dein Wochenende / die Schule heute …?" Zeichnen Sie ☺ und ☹ an die Tafel und lassen Sie die S die Adjektive sortieren.
Alternative: Sammeln Sie mit den S mögliche Fragen zu den Angaben im Buch, schreiben Sie sie an die Tafel und nummerieren Sie sie von 1 bis 6. Auch die Adjektive nummerieren Sie durch. Wie bei dem bekannten Würfelspiel würfeln die S mit zwei Würfeln. Die erste Zahl ergibt die Frage, die zweite die Antwort.

⑭ Lesen Sie mit den S den Modelldialog und klären Sie die unterschiedlichen Antwortmöglichkeiten. Dann arbeiten die S in Gruppen: Sie schreiben die Orte auf Zettel, mischen sie und legen sie verdeckt auf den Tisch. Der Erste zieht eine Karte und fragt die anderen: „Wart ihr schon mal …?" Die anderen antworten. Dann zieht der Nächste eine Karte und fragt die anderen. Es wird solange gespielt, bis alle Karten weg sind.
Differenzierung: Schreiben Sie weitere reale Orte auf Zettel, die in Ihrem Land beliebte Reiseziele sind, und ergänzen Sie das Spiel mit diesen Karten.

⑮ Jeder schreibt einen kurzen Ferienbericht und malt dazu ein Bild. Gestalten Sie mit den Bildern eine Ausstellung. Sammeln Sie die Berichte und verteilen Sie sie neu. Die S lesen den Bericht und suchen das passende Bild. Am Ende können Sie mit den S ein Ferienposter erstellen.
Betrachten Sie mit den S den passenden Grammatikteil (***Grammatik mit den Deutschprofis, war, hatte***).

⑯ **a.** Der Unterschied in der Aussprache zwischen W- und F-Lauten wird bewusst gemacht. In ***Track 45*** hören die S Beispiele. Machen Sie sie darauf aufmerksam, dass „v" meist als „f" ausgesprochen wird.
b. Alternative: Zwei S spielen Duell: Sie zählen abwechselnd Wörter mit F / W auf. Ein Wort darf nur einmal genannt werden. Wer mehr Wörter nennt, gewinnt. Die anderen haben die Rolle des Schiedsrichters.

⑰ In den ***Satzmodellen*** bauen die S komplexere Sätze mit Angaben. Regeln werden hierzu noch nicht formuliert, die S sollen ein Gefühl für den Bau längerer Sätze entwickeln. Schreiben Sie ein Beispiel aus ***b*** in allen möglichen Variationen an die Tafel. Dann bilden die S allein die Satzvariationen. Wer hat am schnellsten die meisten richtigen Variationen? L12

DAS KANNST DU SCHON!

1. Die S spielen die Minidialoge in Paaren vor.
2. Wimmelspiel: Notieren Sie die einzelnen Dialogteile auf Papierstreifen. Je nach Gruppengröße arbeiten die S allein oder in Paaren. Sie bekommen einen beschrifteten Papierstreifen. Auf ein bestimmtes Signal laufen sie im Raum umher und versuchen, ihre Partner zu finden.

Das Quiz von der ***Spielwiese*** bietet eine Wiederholung für das Jahr mit den Deutschprofis. Es ist als Lehrwerk-Rallye angelegt, bei dem die S im Buch zurückblättern und suchen können.

MACH DICH FIT 7–12

Tipp: Sie können die Wiederholung als Stationenlernen organisieren und dafür den Laufzettel benutzen (***Kopiervorlage 22***). 22

TRANSKRIPTION DER HÖRTEXTE

CD 1

1.4 Emil – Tina – Lotta – Finn – Lara – Max – Lutz – Julia – Emma – Moritz

1.8 Möwe – Maus – Tiger – Giraffe

1.11 D-E-U-T-S-C-H-L-A-N-D. Deutschland.
Ö-S-T-E-R-R-E-I-C-H. Österreich.
S-C-H-W-E-I-Z. Schweiz

1.13 A-U-T-O
F-O-T-O
P-O-S-T-E-R
C-O-M-I-C
S-C-H-O-K-O-L-A-D-E
B-A-S-K-E-T-B-A-L-L

1.17 Guten Morgen! Guten Tag!
Guten Abend! Gute Nacht!

1.18
- ● Guten Morgen, Tina!
- ○ Guten Morgen, Nina!

- ● Gute Nacht, Konstantin!
- ○ Gute Nacht, Benjamin!

- ● Guten Abend, Herr Maus!
- ○ Guten Abend, Frau Strauß!

- ● Auf Wiedersehen, Frau Fritz!
- ○ Tschüss, Moritz!

1.19 A
- ● Guten Morgen!
- ○ Guten Morgen!

B
- ● Guten Abend!

C
- ● Gute Nacht! Schlaf schön.

D
- ● Guten Tag, Herr Müller!
- ○ Hallo, Lukas!

1.21
- ● Hallo! Wie heißt du?
- ○ Ich heiße Linus.
- ● Wie bitte?
- ○ Linus. L-I-N-U-S.

1.25 **Reporter (R)**: Monika, was machst du gern?
Monika: Ich singe gern.
R: Und du, Jasmin, was machst du gern?
Jasmin: Ähm … ich male gern.
R: Finn, sag mal, was machst du gern?
Finn: Na ja, … ich spiele gern.
R: Julia, und du?! Was machst du gern?
Julia: Ich schwimme gern.
R: Was machst du denn gern, Pablo?
Pablo: Na, ich mache gern Sport.

1.27 Finn singt. Lisa spielt. Tim schwimmt. Richtig?
Wer klettert gern? — Ben!
Bitte nicht singen, ich telefoniere.

1.31
- ● Guck mal, die Fotos! Das ist der Hase. Er heißt Herr Kleiner. Das ist die Kuh. Sie heißt Ella. Das ist das Pferd. Es heißt Gustav.
- ○ Und der hier?
- ● Das ist der Onkel. Er heißt Max. Und das ist die Schwester. Sie heißt Emma.
- ○ Und das Baby?
- ● Das Baby? Es heißt Emil.

1.32
- ● Wer ist das?
- ○ Der Vater.
- ● Der Vater?
- ○ Richtig.
- ● Und jetzt ich. Die Tochter.
- ○ Die Mutter?
- ● Nein. Die Tochter.
- ○ Die Tochter!
- ● Ja!

1.33
- Ich bin Emma. Ich reite gern.
- Hallo, ich heiße Hans und ich schwimme gern.
- Ich bin Tom. Ich spiele gern Gitarre.
- Ich heiße Inge und mache sehr gern Karate.

1.34 Das ist ein Hase. Oh, wie süß! Und das ist Herr Kleiner, der Hase von Tom. … Na, Herr Kleiner, hier eine Karotte. Autsch!

Das ist ein Baby. Und das ist Emil, das Baby von Claudia. Psst! Hallo Emil!

Das ist eine Oma. Guten Tag! Und das ist die Oma von Emma. Guten Tag, Frau Klein!

1.35 Meine Familie? Das ist meine Katze! Sie heißt Sina. Und Tom, mein Bruder. Das ist Toms Hase. Er heißt Herr Kleiner. Und meine Großeltern. Sie heißen Hans und Inge.

1.36 Leos Hund
Komm Hund, komm!
Leos Hund kommt.
Ooooh! Gut, Hund! Gut!
Leos Hund pupst.
Uuuuuh!

1.37 du – Hund – gut – kommt – Mutter – Tom – Bruder – Oma – Onkel – Junge – Sport – Computer – Opa

1.38 elf – zwölf – dreizehn – vierzehn – fünfzehn – sechzehn – siebzehn – achtzehn – neunzehn – zwanzig

1.39 Schwimmt Felix gern? ↗
Felix schwimmt gern. ↘
Spielst du gern Fußball? ↗
Du spielst gern Fußball. ↘
Ist das die Schwester von Ben? ↗
Das ist die Schwester von Tom. ↘

1.40 Tom reitet gern. ↘
Reitet Tom gern? ↗
Singst du gern? ↗
Du singst gern. ↘
Spielt dein Bruder Tennis? ↗
Das ist die Schwester von Doris. ↘
Ist das die Oma von Emma? ↗

1.41 Mutter. Vater. Schwester. Bruder. Onkel.

1.42 D-E-U-T-S-C-H-L-A-N-D. Na klar, Deutschland!
Ö-S-T-E-R-R-E-I-C-H. Ah ja! Österreich!
S-C-H-W-E-I-Z. Aha! Die Schweiz!

1.43
- ● Hallo, hier ist das Kindermagazin „Jumbo", heute mit dem Thema „Kinder international". Bei uns im Studio: Sarah aus der Schweiz. Hallo Sarah!
- ○ Hallo!
- ● Sarah, wie alt bist du?
- ○ Ich bin elf.
- ● Du wohnst in Zürich und sprichst natürlich Deutsch. Sprichst du auch Französisch? Oder Italienisch?
- ○ Ja. Mein Papa kommt aus Deutschland und meine Mama kommt aus der Schweiz, aus Lausanne. Ich spreche auch ganz gut Französisch.
- ● Sag mal was auf Französisch.
- ○ Bonjour, moi, c'est Sarah.
- ● Aha. Und was ist dein Hobby? Was machst du gern?
- ○ Ski fahren! In der Schweiz gibt es viele Berge und ich fahre sehr gern Ski.
- ● Schön! Gleich nach der Musik machen wir weiter …

1.44 K AH 83 13
DD ER 48 50
M IK 43 57
HH KL 23 45

1.45
- ● Wie ist deine Telefonnummer?
- ○ Meine Telefonnummer ist 67 77 18.
- ● Wie bitte?
- ○ 67 77 18.

1.47 Tom kommt aus Bonn.
Lutz kommt aus Ulm.
Dörte kommt aus Köln.
Ünal kommt aus München.

1.49 1.

- Magst du Musik?
- Ja, ich mag Musik. Ich mag Pop.

2.

- Magst du Sport?
- Nein, ich mag Sport nicht. Ich renne nicht gern.

3.

- Magst du Fußball?
- Na klar! Ich bin ein Fan von Bayern München.

4.

- Magst du Lego?
- Nein, ich mag Lego nicht. Ich mag Playmobil.

1.50 die Schultasche – das Heft – das Buch – der Kuli – der Füller – der Bleistift – der Buntstift – der Radiergummi – der Block – die Mappe – die Brotdose – die Trinkflasche – der Malkasten – der Pinsel – das Mäppchen – der Spitzer – das Lineal – die Schere – der Klebestift

1.51
- hm-HM-hm
- Die Schere.
- Nein.
- Der Pinsel.
- Ja, richtig!

1.54 A

- ...So, und das noch ... Wer hat den Bleistift? Ich brauche den Bleistift.
- Hier, bitte!
- Der schreibt ja gar nicht! Ich brauche auch den Spitzer.
- Brauchst du vielleicht auch das Lineal?
- Nein, danke.

B

- Los, kommt! Marco, hast du den Ball?
- Nee.
- Wo ist er denn?
- Da, im Tor!

C

- Ich brauche meine Brille. Wo ist sie denn nur?
- In der Schultasche vielleicht?

1.55
- Guten Tag, Frau Klein.
- Guten Tag.
- Hallo, Lisa. Hallo, Kira. Wie geht's?
- Gut, danke. ... Frau Klein, ich hätte gern zwei Hefte und drei Bleistifte.
- Mhm. ... Brauchst du noch etwas, Kira?
- Nein, danke.
- Gut, also zwei Hefte und drei Bleistifte ... Das macht zusammen vier Euro.
- Hier, bitte.
- Danke. Und du, Lisa, was brauchst du?
- Zwei Blöcke ... und drei Pinsel.
- Zwei Blöcke und drei Pinsel. ... Sonst noch etwas?
- Noch fünf Bonbons.
- Das macht dann ... 5 Euro 10.
- Bitte.
- Danke. ... Und 90 Cent zurück.

1.59 1.

- Hallo, Leo!
- Hallo, Maja. Felix und ich skaten im Park. Kommst du auch?
- Skaten? Nein, das geht nicht. Keine Zeit.
- Echt? Was machst du?
- Meine Freundin Lea und ich lernen Deutsch.
- Oh, okay.

2.

- Hallo, Emily!
- Ist das deine Freundin?
- Nein, das ist meine Schwester.
- Wie alt ist sie?
- Sie ist 12. Sie geht schon in die sechste Klasse.
- Ach so.

3.

- Guck mal, eine Katze.
- Oh ja, das ist die Katze von Paul!
- Ist die Katze von Paul schwarz?
- Äh ... nein, die ist schwarz-weiß.
- Die Katze ist aber schwarz!
- Gut, dann ist das nicht die Katze von Paul.

4.

- Mama, ich brauche ein Heft für die Schule.
- Ein Heft?

- ● Ja, ein Deutschheft.
- ○ Gut, Robbie, hier sind zwei Euro. Geh morgen in den Laden und kauf dir ein Heft.
- ● Okay.

5.

- ● Boa! Carlo, guck mal, das Auto da!
- ○ Uah! Cool!! Ein Porsche! Woher kommt das Auto?
- ● Hm … CH … ich glaube aus der Schweiz.
- ○ Haha, oder Deutschland. Oder Österreich.
- ● Quatsch. CH heißt Schweiz. Das weiß ich.
- ○ Ok, du Profi!

CD 2

2.1 das Haus – der Garten – das Fenster – die Tür – der Balkon – das Wohnzimmer – das Schlafzimmer – das Esszimmer – das Bad – die Küche

2.2
- ● Hallo, liebe Hobbits, ihr habt ein neues Haus und ich habe viele Fragen. Wie ist das Haus?
- ○ Das Haus ist sehr groß, es hat viele Zimmer. Besonders groß und schön ist das Wohnzimmer. Da haben wir viel Platz.
- ● Und was macht ihr im Wohnzimmer?
- ■ Wir lesen im Wohnzimmer, wir singen und tanzen.
- ● Mhm. … Und sag mal, wo spielt ihr?
- ○ Wir spielen im Garten. Das Haus hat einen schönen, großen Garten. Hier spielen wir Ball und wir machen manchmal eine Party.
- ● Und hier? Was macht ihr hier? Das Zimmer ist so schön bunt.
- ■ Das ist das Malzimmer. Hier malen wir.
- ● Aha.
- ○ Wir Hobbits malen sehr gern. Schau mal, das sind unsere Bilder.
- ● Toll! … Und wo schlaft ihr?
- ■ Natürlich im Schlafzimmer. Wir haben drei Schlafzimmer. Sie sind klein, aber schön. Schön ist auch die Küche. Sie ist weiß und gelb. Wir kochen in der Küche. Wir kochen alle zusammen. Das ist super!
- ● Und wo esst ihr? Auch in der Küche?
- ○ Wir essen im Esszimmer. Da steht ein großer Tisch und da essen wir alle zusammen.
- ● Und hier? Was macht ihr hier? In diesem Zimmer?
- ■ Das ist das Sitzzimmer. Schau mal, das Zimmer ist rund! Hier sitzen wir oft und sprechen und lachen.
- ● Schön!

2.5
- ● Hallo, liebe Hörerinnen und Hörer, heute stellen wir euch eine Stadt in Deutschland vor. Julia erzählt …
- ○ Meine Stadt heißt Freising und liegt nicht weit von München.
  Freising ist nicht groß, aber auch nicht klein. Es gibt große Straßen und viele Plätze. Aber es gibt keine U-Bahn. Es gibt nur Busse und Züge. Und es gibt einen Bahnhof.
  Die Stadt ist sehr grün. Es gibt einen Park im Zentrum mit vielen Blumen und Bäumen. Die Menschen gehen im Park spazieren, die Kinder spielen.
  Freising ist sehr alt. Es gibt viele alte Häuser und die sind sehr schön. Die Stadt hat eine Universität, ein Gymnasium und vier Grundschulen.
  Viele Menschen in Freising machen Sport. Sie fahren Fahrrad, spielen Basketball oder Tennis oder sie schwimmen. Es gibt ein Schwimmbad. Es ist ganz neu und richtig toll!
  Ich mag meine Stadt. Ich wohne gern hier.

2.14 A
- ● Hallo Leoni, wie geht's?
- ○ Nicht so gut. Wir schreiben jetzt einen Mathe-Test.
- ● Blöd. Komm, wir klettern!

B
- ● Ich habe Hunger! … Käsebrot … Hm … Lotta, was hast du dabei?
- ○ Einen Apfel und einen Joghurt.
- ● Lecker! … Äh … möchtest du vielleicht mein Käsebrot?
- ○ Käsebrot? Das schmeckt auch gut. Okay, wir tauschen. Hier, mein Apfel.

C

- ● Hallo Jonas. Was möchtest du?
- ○ Einen Schokoriegel und einen Orangensaft bitte.
- ● Das macht einen Euro siebzig.

2.15
- ● Wie viel kostet das Schinkenbrötchen?
- ○ 80 Cent.
- ● Und die Banane?
- ○ 30 Cent.
- ● Okay, dann möchte ich ein Schinkenbrötchen.
- ○ Ist das alles?
- ● Ja.
- ○ 80 Cent, bitte.

2.16
- ● Wie viel Uhr ist es?
- ○ Es ist zwei Uhr.

- ● Wie viel Uhr ist es?
- ○ Es ist 14.40 Uhr.

- ● Wie viel Uhr ist es?
- ○ Es ist sechs Uhr.

- ● Wie viel Uhr ist es?
- ○ Es ist 10.12 Uhr.

- ● Wie viel Uhr ist es?
- ○ Es ist 11.55 Uhr.

2.17 **Schülerzeitungsreporter (R):** Hallo Jessica. Wir machen eine Umfrage zum Thema „Frühstück". Wie lange frühstückst du?
Jessica: Ja, so etwa 15 Minuten. Von sieben bis Viertel nach sieben.
R: Und was isst du?
Jessica: Zum Frühstück esse ich oft Müsli mit Milch. Manchmal esse ich ein Brötchen mit Honig oder Marmelade.
R: Danke, Jessica. ... Und du Simon, wie lange frühstückst du?
Simon: Ach, das geht ganz schnell. Höchstens fünf Minuten.
R: Und was isst du zum Frühstück?
Simon: Ich esse Brot mit Käse oder mit Wurst, dazu eine Tomate oder Gurken. Und ich trinke immer Kakao zum Frühstück.
R: Danke. ... Hey Mia, wir haben eine Frage. Wie lange frühstückst du?
Mia: Puh, ich weiß nicht. 20 Minuten vielleicht?
R: Was isst du denn zum Frühstück?
Mia: Ich trinke Saft und ich esse Obst: einen Apfel oder eine Banane. Und einen Joghurt. Das ist gesund. ... Na ja, manchmal esse ich auch einen Keks oder Kuchen.
R: Danke, Mia.

2.18
- ● Hallo?
- ○ Hallo Patrick, hier ist Lukas.
- ● Hi Lukas.
- ○ Du, morgen ist Samstag! Ich möchte gern Fußball spielen. Kommst du mit?
- ● Na ja, ich weiß nicht. Ich möchte klettern.
- ○ Klettern? Wo denn?
- ● Na im Kletterpark. Das ist total cool! Mein Vater kommt auch mit.
- ○ Oh ja, ich hab auch Lust! Ich frag mal meine Mama.

2.19
- ● Mama?
- ○ Ja?
- ● Ich möchte am Samstag mit Patrick klettern. Im Kletterpark.
- ○ Am Samstag? Das geht nicht. Wir müssen einkaufen und ich muss kochen. Oma und Opa kommen zum Mittagessen. Und du musst dein Zimmer aufräumen, Lukas.
- ● Ach Menno ...

2.20 1.
- ● Ich möchte am Samstag skaten. Kommst du mit?
- ○ Klar, gern!

2.
- ● Ich möchte am Mittwoch zu Lena. Wir backen einen Kuchen. Kommst du mit?
- ○ Am Mittwoch? Das geht nicht. Ich muss lernen. Wir schreiben einen Deutsch-Test.
- ● Oh je!

2.25
- ● Livia!?
- ○ Ja, Mama?
- ● Nächste Woche ist dein Geburtstag. Wen lädst du ein? Wir müssen die Einladungen schreiben und alles planen.

- ○ Also ... ich lade Annika und Lilli ein. Und natürlich Sandra. Sie ist meine beste Freundin!
- ● Gut. Was ist mit Ramon? Lädst du ihn auch ein?
- ○ Ramon? Nein, das geht nicht. Ramon ist nächste Woche nicht da. Er ist bei seiner Oma in Österreich.
- ● Jan und Jonas vielleicht noch?
- ○ Ich weiß nicht ...
- ● Sie laden dich auch immer ein.
- ○ Na ja, sie sind ganz okay. Ich lade sie ein.
- ● Also Annika, Lilli, Sandra, Jan und Jonas. Das sind fünf Kinder. Und Michael? Lädst du ihn auch ein? Er ist doch ein netter Junge.
- ○ Nein, Mama, Michael ist krank. Er kann nicht kommen.
- ● Ach so ...

2.26
- ● Ich mache eine Gartenparty. Ich lade dich ein.
- ○ Wann ist die Party?
- ● Am 25. Mai um 15 Uhr.
- ○ Danke für die Einladung! Ich komme gern.

2.30
- ● Hallo Sandra! Hallo Martin!
- ○ Hallo Jasmin. Wie geht's?
- ● Gut, danke. Was macht ihr denn für Frau Sommer?
- ■ Häh? Für Frau Sommer?
- ● Was? Ihr wisst es nicht? Frau Sommer hat nächste Woche Geburtstag.
- ○ Echt?
- ● Ja, und wir planen eine Überraschungsparty. Alle machen mit. Könnt ihr auch etwas für die Party machen? Ein Geschenk vielleicht?
- ■ Ja, klar. Ich kann Blumen kaufen.
- ● Und du Sandra?
- ○ Äh ... ich male gern. Ich kann ein Bild malen.
- ● Toll! Und ich kann Klavier spielen. Frau Sommer mag Musik.
- ○ Aber wir brauchen noch einen Geburtstagskuchen.
- ● Ja, Sofie kann einen Kuchen backen. Ihre Mutter kann helfen.
- ■ Und wer schmückt das Klassenzimmer?
- ● Hm ...
- ■ Das können Jannick und Marc machen!
- ● Ja, genau! Ich frage sie morgen. Bis dann. Tschüss!

2.31 1.

Hallo Fabian, hier ist Ramon. Ich kann am Samstag nicht zu deiner Geburtstagsparty kommen. Ich bin krank. Das ist total blöd! Aber mir geht's nicht gut. Ich wünsche dir eine tolle Party. Tschüss!

2.

Hallo, Tante Edith, hier ist Evelyn. Vielen Dank für das tolle Geschenk! Die Stifte malen super. Sie sind jetzt in meinem Mäppchen und ich nehme sie auch in die Schule mit. Und jetzt male ich ein Bild für dich. Bis bald!

3.

Hallo, hier spricht Weber. Wir möchten am 30. Mai den Geburtstag von meinem Sohn im Schwimmbad feiern. Wir kommen mit sechs Kindern. Um wie viel Uhr können wir kommen? Bitte rufen Sie mich zurück. Meine Nummer ist 338 30 42. Vielen Dank!

2.35 Hallo, ich heiße Isabell. Ich habe ein Meerschweinchen. Es heißt Bobo. Bobo ist braun und weiß und die Ohren sind schwarz. Bobo ist sehr lustig. Er kann gut klettern und frisst am liebsten Salat und Gurken.

Hi, ich bin Murat und ich habe eine Katze. Meine Katze heißt Tiger. Ich spiele oft mit Tiger. Sie kann gut springen und klettern. Sie mag Schinken und manchmal auch ein Stück Käse.

Mein Name ist Jonas. Ich habe zu Hause ein großes Aquarium mit vielen Fischen. Sie sind ganz bunt: orange, blau, grün ... Sie bekommen jeden Tag Fischfutter und dann schwimmen sie sehr schnell. Besonders die Goldfische können schnell schwimmen.

2.36 Ich habe einen Hund. Er heißt Chucky und ist ein Terrier Mischling. Chuckys Kopf ist braun, auch seine Ohren sind braun. Seine Augen sind groß und schwarz. Der Rücken ist braun und weiß, der Bauch ist ganz weiß. Seine Beine sind auch weiß. Der Schwanz ist kurz und weiß-braun.

2.37 1.
Oh je! Patricia, räum bitte dein Zimmer auf!

2.
Pah, die Englischaufgaben sind so schwer. Helft mir bei den Hausaufgaben.

3.
Mama, Papa! Im Geschäft gibt es kleine Kaninchen! Die sind so süß! Kommt bitte ins Zoogeschäft mit.

4.
Lern für die Schule. Du schreibst doch morgen einen Test, oder?

5.
Hier ist ein Infoblatt vom Zoogeschäft. Lest bitte die Informationen.

6.
Wann möchtest du Futter kaufen? Wie oft musst du den Käfig sauber machen? Mach bitte einen Plan.

2.38
- ● Hallo. Wir machen ein Interview für die Schülerzeitung.
- ○ Hallo und willkommen im Zoo.
- ● Frau Meier, was sind Sie von Beruf?
- ○ Ich bin Tierärztin hier im Zoo.
- ● Wann fängt Ihr Arbeitstag an?
- ○ Ich fange um 6.30 Uhr an.
- ● Das ist ganz schön früh. Was machen Sie morgens zuerst?
- ○ Ich gehe durch den Zoo und sehe nach, ob mit den Tieren alles okay ist.
- ● Haben Sie ein Lieblingstier?
- ○ Ich mag alle Tiere. ... Na ja, Giraffen und Zebras mag ich besonders gern.
- ● Müssen Sie manchmal auch Tiere operieren?
- ○ Ja, natürlich. Aber das muss ich zum Glück nicht oft machen.
- ● Was finden Sie an Ihrem Beruf besonders toll?
- ○ Ich kann den Tieren helfen und das finde ich schön. Ich arbeite sehr viel an der frischen Luft. Und die Arbeit ist nie langweilig.
- ● Haben Sie zu Hause ein Haustier?
- ○ Ja, ich habe einen Hund und eine Katze.
- ● Vielen Dank für das Gespräch.
- ○ Sehr gern!

2.39 Gespräch 1
- ● Die Pinguine sind echt lustig. ... Und was machen wir jetzt?
- ○ Wir gehen zur Robbenfütterung.
- ● Super Idee! Wann ist die?
- ○ Ich weiß nicht.
- ● Frag doch den Mann dort.
- ○ Äh ... Entschuldigung, Sind Sie Tierpfleger?
- ■ Ja. Kann ich euch helfen?
- ● Wir möchten die Robbenfütterung sehen. Wann fängt sie an?
- ■ Die ist täglich um 11 Uhr.
- ○ Und wie spät ist es jetzt?
- ■ Halb zwölf.
- ● Schade.
- ■ Aber ihr könnt ins Affenhaus mitkommen. Wir haben ein Gorillababy und ich muss es jetzt füttern.
- ● Toll, da kommen wir mit!

2.40 Gespräch 2
- ● Hallo Simona, wie geht's?
- ○ Es geht so.
- ● Was ist los?
- ○ Ich glaube, mein Hamster ist krank.
- ● Was hat er denn?
- ○ Na ja, er frisst nicht. Er sitzt nur da und macht nichts.
- ● Gib ihm doch sein Lieblingsessen!
- ○ Äpfel möchte er auch nicht.
- ● Hm ... Dann bring ihn zum Tierarzt.
- ○ Ja, das mach ich gleich heute Nachmittag.
- ● Klar, der hilft bestimmt!

2.42 Die Sonne scheint,
es ist sehr heiß.
Komm, wir essen Erdbeereis!

Die Welt wird weiß.
Es schneit überall.
Wir bauen den Schneemann
und werfen den Ball.

Die Blumen blühen.
Das Gras wird grün.
Ich zieh die dicke Winterjacke aus
und renne fröhlich aus dem Haus.

Die Bäume sind bunt.
Blätter fliegen im Wind.
Die Wolken bringen Regen her,
es ist so kalt, wir frieren so sehr.

2.43 **Lehrer:** Morgen fangen die Pfingstferien an. Wie findet ihr das?
Kinder: Cool! Super! Toll! Spitze!
Lehrer: Jetzt erzählt mal: Welche Pläne habt ihr? Was wollt ihr in den Ferien machen? Jan, fang bitte an.
Jan: Also, ich fahre zu Oma und Opa.
Lehrer: Wo wohnen deine Großeltern?
Jan: Sie wohnen in einem Dorf im Schwarzwald. Da ist es total schön. Sie haben ein großes Haus mit Garten, eine Katze und einen Hund. Der Hund heißt Lizzy und ist ganz lieb. Ich will mit Lizzy jeden Tag in den Wald gehen und rennen. Im Dorf gibt es auch Kühe, Schweine und Pferde. Man kann auch reiten.
Lehrer: Da ist es bestimmt sehr schön. Danke, Jan. ... Und du, Lilli? Was machst du?
Lilli: Ich mache einen Badeurlaub. Ich fahre mit meinen Eltern und meiner Schwester nach Kroatien ans Meer. Wir fliegen zuerst mit dem Flugzeug und dann fahren wir mit dem Schiff auf eine Insel.
Lehrer: Toll! Und was möchtest du da machen?
Lilli: Ich will auf jeden Fall tauchen. Ich habe eine neue Taucherbrille und Schwimmflossen, die will ich ausprobieren.
Lehrer: Milan, was sind deine Pläne?
Milan: Ich fahre mit Luis und seinem Vater nach Berlin. Wir fahren mit dem Zug. Wir wollen das Brandenburger Tor sehen und U-Bahn fahren. Und wir wollen auch auf den Fernsehturm. Der ist 360 Meter hoch.
Lehrer: Berlin hat auch einen tollen Zoo und ein Aquarium, da kann man viel machen ...

2.44 das Sommerwetter – die Winterschuhe – das Sportfest – die Schulferien – die Winterjacke – die Sporthose

2.47 Nachricht 1
Hallo Felix, hier ist Leo. Du, ich kann heute nicht mit dir ins Schwimmbad gehen. Wau ist krank und wir gehen zum Tierarzt. Aber morgen habe ich Zeit. Du kannst um 15 Uhr zu mir kommen und wir spielen am Computer. Oder wir gehen dann ins Schwimmbad.

Nachricht 2
Hallo Sophia, wo bist du heute denn? Hier ist Kim. Kannst du mir helfen? Morgen hat Anni Geburtstag. Sie feiert am Samstag ihre Kostümparty und ich will einen Monster-Kuchen backen. Aber ich kann das nicht so gut ... Hilfst du mir? Kommst du auch zur Party? Und hast du schon ein Geschenk? Ruf mich an. Ciao!

HÖRTEXTE TESTHEFT

Hörtexte auf www.klett-sprachen.de/deutschprofis

Fertigkeitentest 1–6

1

1. ● Markus, hast du einen Spitzer?
   ○ Nein, leider nicht. Aber ich habe einen Bleistift. Brauchst du einen?
   ● Ja, bitte.

2. ● Hallo Emily. Ich gehe am Sonntag reiten, kommst du mit?
   ○ Das geht leider nicht. Ich gehe ins Fußballstadion. Mein Bruder spielt mit. Das muss ich sehen!

3. ● Hallo, ich bin Giulia, und du?
   ○ Ich heiße Jana. Kommst du aus Italien?
   ● Nein, ich komme aus Deutschland. Aber meine Mutter kommt aus Italien, sie spricht mit mir immer Italienisch.

4. ● Guten Tag Herr Schmidt!
   ○ Hallo Micha. Wie geht's?
   ● Danke, gut. Ich gehe mit meinem Hund spazieren.
   ○ Aha! Wie heißt er denn?

- ● Sein Name ist Flocki und er ist schon elf Jahre alt.
- ○ Mhm, dann ist er schon alt.

5. ● Hallo Mia.
   ○ Hallo Linus.
   ● Wir gehen skaten, kommst du mit?
   ○ Ja gern, ich mag skaten.

Fertigkeitentest 7–12

2

1. ● Hallo Max, wie geht's? Wohin fährst du eigentlich in den Ferien?
   ○ Ich fahre mit der Familie in die Berge. Ich möchte Ski fahren, vielleicht kann ich endlich Snowboard lernen.

2. ● Laura, wo warst du im Sommer?
   ○ Ich war am Meer. Ich mag eigentlich die Berge, und wir machen oft Radtouren. Aber jetzt waren wir in Kroatien. Es war wirklich toll. Wir hatten viel Spaß. Mein Vater und ich, wir waren auch in einer Tauchschule. Ich finde das Meer total klasse!

3. ● Hi Theo, wir gehen am Samstag ins Kino. Kommst du mit?
   ○ Das geht leider nicht. Wir feiern eine Party in der Familie. Mein Opa hat Geburtstag, er ist 70. Schade. Wollen wir vielleicht am Sonntag ins Kino gehen?

4. ● Gehst du schon, Tina? Kannst du nicht bleiben? Hast du wieder Training?
   ○ Entschuldige, ich muss jetzt wirklich gehen. Ich will einen Apfelkuchen backen. Das ist ein Geschenk für Lotte. Sie hat ja morgen Geburtstag.

5. ● Kommen alle zur Party?
   ○ Ich weiß noch nicht. Paul hat Training, er kommt also nicht. Sandra ist leider krank, sie muss im Bett liegen. Monika und Marlene kommen sicher.

Modelltest: Goethe-Zertifikat A1: Fit in Deutsch 1

Hören Teil 1

3

Beispiel: Hallo Felix, hier ist Leo. Gehst du morgen zu Majas Party? Ich brauche noch ein Geschenk für sie, ich habe aber noch keine Idee. Ruf mich bitte an! Tschüss.

1. Hallo Jana, hier ist Maja. Ich brauche Hilfe, ich verstehe die Englisch-Aufgabe nicht. Und morgen schreiben wir einen Test. Ich weiß, dass du im Training bist. Ruf mich bitte heute Abend an. Tschüss.

2. Hallo Oma, hier ist Lara. Lili hat morgen Geburtstag und ich möchte für sie deine Schokoladenkekse backen, die sind doch so lecker. Ich finde aber das Rezept nicht. Rufst du mich bitte an? Danke und bis später!

3. Hallo Leo, schade, dass ich dich nicht erreiche. Du, es tut mir sehr leid, aber ich kann doch nicht zu deiner Gartenparty kommen. Ich bin krank, ich muss zu Hause bleiben. Ruf mich bitte nach der Party an. Und herzlichen Glückwunsch. Das war Felix.

Hören Teil 2

4

Beispiel: ● Hallo Max, hier ist Tim. Wir gehen Pizza essen. Kommst du mit?
○ Ja klar. Wann denn?

1. ● Hallo Kira, hier ist Tom.
   ○ Hallo Tom, wie geht's?
   ● Du, ich habe ein großes Problem. Kannst du mir helfen? Wir fahren am Wochenende zu meinen Großeltern und mein Goldhamster bleibt dann allein. Kannst du ihn füttern?
   ○ Ja, gern. Aber dann ist er drei Tage allein. Er kann doch am Wochenende bei uns sein. Ich frage noch schnell meine Mutter, aber sie sagt bestimmt ja.
   ● Ach, das ist toll, vielen Dank.

2. ● Hallo Lisa, hier ist Moni. Wir fahren heute Nachmittag zum Kletterpark. Kommst du mit?
   ○ Ja, klar! Aber wann fahrt ihr denn? Ich muss noch meine Mathe-Aufgaben machen.
   ● Wir fahren so um vier. Ist das okay?
   ○ Ja, super. Ich mache dann schnell die Aufgaben, und danach kann ich mitfahren.
   ● Toll. Kommst du dann zu uns? Meine Mama fährt uns mit dem Auto zum Kletterpark.
   ○ Ja, ich komme mit dem Fahrrad zu euch, ich bin kurz vor vier da.
   ● Okay, bis dann!

LÖSUNGEN ZUM KURSBUCH

❶ SO KLINGT DEUTSCH

3 a. Mädchen: Emma, Tina, Lotta, Julia; Junge: Emil, Finn, Moritz, Lutz

4 a. 1 Silbe: Max, Finn, Lutz; 2 Silben: E-mil, Em-ma, La-ra, Ti-na, Mo-ritz, Lot-ta; 3 Silben: Ju-li-a

4 b. RA: Lara, TI: Tina, MO: Moritz, MA: Emma, LI: Julia, NA: Tina, LA: Lara, TA: Lotta

8 1. b, 2. b, 3. a, 4. b

9 a. Strauß, Löwe, Känguru, Krokodil, Wolf, Papagei, Affe, Zebra

14 a. Auto, Foto, Poster, Comic, Schokolade, Basketball

❷ HALLO, DAS BIN ICH

1 Hallo, Grüezi, Servus

3 c. Hallo! Auf Wiedersehen! Guten Tag!

6 1. A, 2. D, 3. C, 4. B

7 a,b Nina + Tina: Guten Morgen!; Benjamin + Konstantin: Gute Nacht!; Frau Strauß + Herr Maus: Guten Abend!; Moritz + Frau Fritz: Auf Wiedersehen! Tschüss!

8 a. 1. Guten Morgen! 2. Guten Abend! 3. Gute Nacht! 4. Guten Tag!

11 b. ● Hallo! Wie heißt du?
○ Ich heiße Linus.
● Wie bitte?
○ Linus. L-I-N-U-S.

15 A. Mickey Mouse, B. Snoopy, C. Super Mario, D. Batman

19 A. Guten Morgen! B. Hallo, wie geht's? C. Ich bin Felix. D. Und wer ist das?

❸ DAS MACHE ICH GERN

2 Monika: D, Jasmin: E, Finn: B, Julia: A, Pablo: C

7 a. 1. Hanna, 2. Leon, 3. Lara, 4. Carla, 5. Samira, 6. Tommi, 7. Sibel, 8. Max, 9. Marco, 10. Boris

7 b. Das ist Lara. Sie tanzt. Das ist Carla. Sie spielt Tennis. Das ist Samira. Sie spielt Fußball. Das ist Tommi. Er spielt Computerspiele. Das ist Sibel. Sie macht Musik. Das ist Max. Er schwimmt. Das ist Marco. Er hört Musik. Das ist Boris. Er malt.

8 1. Boris, 2. Max, 3. Lara, 4. Carla, 5. Marco

10 a. Finn singt. Lisa spielt. Tom schwimmt. Richtig? Wer klettert gern? Ben!
Bitte nicht singen, ich telefoniere!

♥ = i, ✸ = e, ◡ = ie

13 Nummer zwei schwimmt. Nummer neun spielt Fußball. Nummer fünf reitet. Nummer drei tanzt.

14 Nummer zwei ist Leo. Er spielt Tennis. Nummer zehn ist Felix. Er macht Karate. Nummer acht ist Maja. Sie rennt. Nummer fünf ist Wau. Er skatet.

17 a. Thomas: klettern, Fußball spielen; Nina: Karate machen, malen; Julia: Musik machen, tanzen

❹ MEINE FAMILIE

2 a. die Großmutter (die Oma): Inge, die Tante: Claudia, der Vater: Markus, die Tochter: Emma

3 b. Ella ist die Kuh. Herr Kleiner ist der Hase. Max ist der Onkel. Gustav ist das Pferd. Emil ist das Baby.

4 Der Vater und die Mutter sind die Eltern. Sie heißen Markus und Doris. Der Großvater und die Großmutter sind die Großeltern. Sie heißen Hans und Inge. Der Sohn, die Tochter und das Baby sind die Kinder. Sie heißen Tom, Emma und Emil.

5 a. 1. Tom oder Emil, 2. die Kuh, 3. Tom und Emma, 4. das Pferd und die Kuh, 5. Markus / Max, 6. Markus und Doris

5 b. *Beispiel:* Wer ist der Bruder von Markus? Wie heißt die Schwester von Markus?

6 a. Vater, Tochter, Mutter

7 b. Emma reitet gern. Hans schwimmt gern. Tom spielt gern Gitarre. Inge macht gern Karate.

7 c. 1. Ja, Emma reitet gern. 2. Nein, Hans schwimmt gern. 3. Nein, Inge macht gern Karate. 4. Ja, Tom spielt Gitarre.

8 a. Spielt der Opa Fußball? Bist du die Schwester von Emma? Heißt du Tom? Hörst du gern Musik?

12 a. Und das ist Herr Kleiner, der Hase von Tom. Das ist ein Baby. Das ist Emil, das Baby von Claudia. Das ist eine Oma. Und das ist die Oma von Emma.

13 a. a, b, e

15 c. O: kommt, Tom, Oma, Onkel, Sport, Opa, Computer
U: du, Hund, gut, Mutter, Bruder, Junge, Computer

16 b. elf, zwölf, dreizehn, vierzehn, fünfzehn, sechzehn, siebzehn, achtzehn, neunzehn, zwanzig

17 a. *Beispiel:* Tom ist der Sohn von Markus und Doris. Die Schwester von Tom heißt Emma. Der Hase von Tom heißt Herr Kleiner. Tom spielt Gitarre.

17 b. Tom ist 12 Jahre alt. Sein Spitzname ist Ketschup. Die Haare sind rot. Er spielt gern Tennis und macht Karate. Tom bloggt gern.

18 b. A Tom; B Ben, Toms Freund; C Emma, Toms Schwester; D Lucy, Emmas Pferd; E Ajax, der Hund von Ben und Amelie; F Amelie, Bens Schwester

18 c. 1. Nein, er ist Toms Freund. 2. Nein, sie ist 9 Jahre alt. 3. Ja. 4. Nein, Lucy ist ein Pferd.

21 a. Schwimmt Felix gern? ↗
Felix schwimmt gern. ↘
Spielst du gern Fußball? ↗
Du spielst gern Fußball. ↘
Ist das die Schwester von Ben? ↗
Das ist die Schwester von Tom. ↘

21 b. Fragen: Reitet Tom gern? Singst du gern? Spielt dein Bruder Tennis? Ist das die Oma von Emma?

Spielwiese Rätsel: Mutter, Vater, Bruder, Onkel

5 DAHER KOMME ICH

2 1. Sarah kommt aus der Schweiz. 2. Paul und Pauline kommen aus Österreich. 3. Emre, Tanja, Philipp, Ralf und Karolin kommen aus Deutschland.

3 b. 1. Paul und Pauline kommen aus Österreich, aus Wien. 2. Emre spricht Deutsch und Türkisch. 3. Ja, er wohnt in Berlin. 4. Nein, Ralf liest gern. 5. Karolin ist 11 Jahre alt. 6. Sarah fährt gern Ski. 7. Paul und Pauline klettern gern. 8. Emre, Ralf und Paul sind zehn Jahre alt.

3 c. *Beispiel:* Was machen Tanja und Philipp gern? Wo wohnt Sarah? Was macht Karolin gern?

5 a. Sarah

5 b. b, e, f

6. Auto Nummer 1 kommt aus Berlin. Auto Nummer 2 kommt aus Wien. Auto Nummer 3 kommt aus Zürich.

8. 1. a, 2. a, 3. b, 4. a

10 a. Meine Telefonnummer ist 67 77 18.

11 b. Tom kommt aus Bonn. Lutz kommt aus Ulm. Dörte kommt aus Köln. Ünal kommt aus München.

12 b. A Sebastian Vettel, B Elyas M'Barek, C Thomas Müller, D Cornelia Funke, E Mozart

12 c. Mozart ist ein Komponist aus Österreich. Cornelia Funke ist eine Schriftstellerin aus Deutschland. Elyas M'Barek ist ein Schauspieler aus Österreich. Thomas Müller ist ein Fußballspieler aus Deutschland. Sebastian Vettel ist ein Sportler aus Deutschland.

14 a. 1. d, 2. a, 3. b, 4. c

16 b. 1. Ich spiele nicht Flöte. 2. Mein Freund spricht nicht Deutsch. 3. Das Kind lacht nicht. 4. Max schwimmt nicht gern. 5. Du tanzt nicht gern.

6 MEINE SCHULSACHEN

2 a. Bild 1: ein Heft, eine Schere, ein Klebestift, eine Brotdose, ein Füller, ein Radiergummi, ein Lineal, ein Pinsel
Bild 2: ein Heft, eine Schere, ein Buch, ein Lineal, ein Malkasten, ein Pinsel, ein Radiergummi, ein Bleistift, ein Spitzer

2 b. Auf Bild 1 ist kein Spitzer, kein Bleistift, kein Malkasten und kein Buch.
Auf Bild 2 ist kein Klebestift, keine Brotdose und kein Füller.

3 c. Rot und gelb ist orange. Gelb und blau ist grün. Schwarz und weiß ist grau. Rot und grün ist braun. Blau und rot ist lila.

5 b. *Beispiel:* Meine Schultasche ist leicht, deine Schultasche ist schwer.

7 a. 1. das Handy, 2. der Taschenrechner, 3. das Stofftier, 4. der Fahrradhelm, Lösung: Du bist ein Profi!

8 a. A Die Kinder malen. B Die Jungen spielen Fußball. C Die Mädchen lesen.

8 b. A Das Kind braucht den Bleistift und den Spitzer. B Sie brauchen den Fußball. C Das Mädchen braucht die Brille.

9 A Sie haben kein Handy. Sie brauchen ein Handy.
B Er hat keine Gitarre. Er braucht eine Gitarre.
C Sie hat keinen Fahrradhelm. Sie braucht einen Fahrradhelm.

11 a. 5 Schlüssel, 5 Bälle, 2 Brillen, 3 Lineale, 2 Radiergummis, 4 Bleistifte, 8 Bonbons

13 a. Kira kauft Hefte und Bleistifte. Lisa kauft Blöcke, Pinsel und Bonbons.

13 b. Lisa kauft zwei Hefte und drei Bleistifte. Kira kauft zwei Blöcke, drei Pinsel und fünf Bonbons.

MACH DICH FIT 1–6

Hören

1 1. F, 2. G, 3. C, 4. E, 5. D

2 1. c, 2. a, 3. a, 4. c, 5. b

Lesen

1 1. falsch, 2. richtig, 3. richtig, 4. falsch, 5. richtig, 6. falsch

2 a. 1. Musikschule, 2. Reitschule, 3. Schwimmschule, 4. Tanzschule, 5. Malschule

2 b. 3, 2, 5, 1, 4

2 c. Tanzschule: Musik, Rhythmus, Tango, Walzer, Salsa, tanzen, Choreografien
Reitschule: reiten, Pferd, Tiere, pflegen, füttern, Reitausrüstung
Musikschule: Instrument, Musiklehrer, Lieblingsinstrument, Kinderorchester, mitspielen, Konzerte
Malschule: malen, zeichnen, Maler, Techniken, Malblock, Pinsel
Schwimmschule: schwimmen, Wasser, tauchen, Schwimmlehrer, Schwimmtechnik

Schreiben

1 a. Hallo Lea, mir geht's super! Ich spiele Computerspiele mit Tobias.
Das ist der Bruder von Carla. Er ist sehr lustig.
Tschüss, Anne

1 b. *Beispiel:* Hallo Felix, mir geht's gut. Ich fahre Fahrrad. Und was machst du?

Sprechen

1 *Beispiel:* Ich heiße Katerina. Ich bin 9 Jahre alt. Ich komme aus Tschechien. Meine Schule heißt … Ich spreche Tschechisch und Deutsch. Ich singe gern und ich spiele Flöte. Ich mag Musik.

2 *Beispiel:* Wie heißt deine Schwester? Wie alt ist deine Schwester? Was macht deine Schwester gern?
Ist deine Schultasche schwer? Hast du viele Freunde? Wer ist deine Lieblingslehrerin?

7 MEIN HAUS, MEINE STADT

1 b. *Beispiel:* Der Garten ist grün. Das Fenster ist klein und rund. Die Tür ist auch rund und braun.

1 c. Das Haus hat neun Zimmer.

2 a. C im Wohnzimmer, D im Schlafzimmer, F im Bad, A in der Küche, E im Garten, B auf dem Balkon

2 b. B Sie sind auf dem Balkon. C Sie sind im Wohnzimmer. D Sie sind im Schlafzimmer. E Sie sind im Garten. F Sie sind im Bad.

4 a. b, c, d, f

4 b. 1. b, 2. b, 3. a, 4. b

7 b. Im Kinderzimmer ist ein Bett, ein Regal, ein Schrank, eine Lampe, ein Schreibtisch und ein Stuhl.

7 c. Anna

7 d. 1. Ben, 2. Anna, 3. Daniel, 4. Anna, 5. Ben, 6. Anna, 7. Daniel

7 e. 1. Ihr Zimmer, ihr Bett, ihr Regal, ihr Schrank, ihr Tisch, ihr Stuhl, ihre Stifte, ihre Lampe, ihr Teppich; 2. Sein Zimmer, sein Bett, sein Tisch, seine Regale, seine Bücher. seine Bilder; 3. Sein Zimmer, sein Bett, sein Schrank, sein Schreibtisch, sein Computer, sein Zimmer, sein Bruder

10 b. A, B, F, E, C, D

10 c. a. groß und laut, b. toll, c. groß, d. super, e. nett, f. süß

12 a. 1. b, 2. b, 3. a, 4. a, 5. b, 6. a

14 a. 1. c, 2. a, 3. c

8 MEINE WOCHE

1 a. 1. Donnerstag, 2. Freitag, 3. Montag, 4. Dienstag, 5. Sonntag, 6. Mittwoch

7 b. ☺ ☺ klasse / toll ☺ gut ☹ langweilig

9 a. Herr Weber: a, d, g; Daniel: b, c, e, f

11 b. Freitag, reiten, Karate, Gitarre, anrufen, rechnen, aufräumen

12 a. im Klassenzimmer

12 b. einen Apfel, einen Joghurt

13 b. Sie möchte ein Schinkenbrötchen. Das kostet 80 Cent.

15 a. Tobias: das Zimmer aufräumen, fernsehen, lernen
Nina: einkaufen, Monopoly spielen
Lena: den Bruder abholen, zu Mittag essen
Ben: Fußball spielen, Hausaufgaben machen

15 b. 1. falsch, 2. richtig, 3. falsch, 4. falsch, 5. richtig

17 b. 1. Am Mittwochabend räume ich mein Zimmer auf. / Ich räume mein Zimmer am Mittwochabend auf. 2. Am Freitag kauft meine Mutter ein. / Meine Mutter kauft am Freitag ein. 3. Am Montag ruft der Lehrer meine Eltern an. / Der Lehrer ruft am Montag meine Eltern an. 4. Holst du heute deinen Bruder vom Kindergarten ab? 5. Wann gibt die Lehrerin den Test zurück?

9 MEINE ZEIT

1 a. Es ist 14 Uhr 40. Es ist zwei Uhr. Es ist sechs Uhr. Es ist 10 Uhr 12. Es ist 11 Uhr 55.

2 a. H Max steht auf. C Max frühstückt. D Max fährt mit dem Bus zur Schule. B Die Schule fängt an. G Die Schule ist aus. F Max kommt nach Hause. A Max isst zu Mittag. E Max macht Hausaufgaben.

2 b. Max frühstückt. Es ist zwanzig nach sieben. Max fährt mit dem Bus zur Schule. Es ist halb acht. Die Schule fängt an. Es ist acht Uhr. Die Schule ist aus. Es ist zehn nach eins. Max kommt nach Hause. Es ist zwei Uhr. Max isst zu Mittag. Es ist halb drei. Max macht Hausaufgaben. Es ist drei Uhr.

2 c. Um zwanzig nach sieben frühstückt er. Um halb acht fährt er mit dem Bus zur Schule. Die Schule fängt um acht an. Um zehn nach eins ist die Schule aus. Max kommt um zwei nach Hause. Um halb drei isst er zu Mittag. Um drei macht er Hausaufgaben.

7 a. 1. Jessica: von 7 bis 7.15 Uhr, 2. Simon: 5 Minuten, 3. Mia: 20 Minuten

7 b. Simon, Mia, Jessica

14 b. am Wochenende: Kindertheater, Kinderfilme, Kinderwerkstatt
täglich: Schwimmen, Museum, Kletterpark

14 c. Klettern ist täglich. Theater ist sonntags. Kino ist samstags. Museum ist täglich. Basteln ist samstagvormittags. Schwimmen ist täglich.

15 a. Lukas möchte Fußball spielen. (b) Patrick möchte klettern. (b)

15 b. Lukas muss sein Zimmer aufräumen. (c)

19 b. 1. Wann möchtest du skaten? 2. Wir möchten am Sonntag ins Kino gehen. 3. Lukas muss am Abend Mathe lernen. 4. Müsst ihr am Nachmittag Hausaufgaben machen? 5. Ich muss am Mittwochnachmittag mein Zimmer aufräumen.

10 MEIN GEBURTSTAG

2 a. 1. Fabian, 2. Marc, 3. im Juli

2 b. 1. Milena, 2. Sofie, 3. Marc, 4. Michael, 5. Lia

5 a. 1. Herzlichen Glückwunsch! 2. Viel Glück! 3. Alles Gute!

7 1. Livia, Martin; 2. am 15. Mai, am 17. Februar; 3. zu Hause im Garten, im Indoor-Spielplatz; 4. Tulpenstraße 42, Leipziger Straße 10

8 a. Sandra: a, Ramon: b, Jan und Jonas: a, Michael: b

8 b. 1. Sandra ist Livias beste Freundin. 2. Ramon ist nicht da. 3. Jan und Jonas sind ganz okay. 4. Michael ist krank.

11 b. Schlange (stimmlos): Eis, Adresse
Biene (stimmhaft): sie, lesen

15 a. 1. b, 2. c

15 b. 1. Martin kann Blumen kaufen. 2. Sandra kann ein Bild malen. 3. Jasmin kann Klavier spielen. 4. Sofie kann einen Kuchen backen. 5. Jannick und Marc können das Klassenzimmer schmücken.

17 1. b, 2. c, 3. c

11 MEINE LIEBLINGSTIERE

3 a. 1. der Papagei, der Elefant; 2. die Robbe, der Affe, das Krokodil, der Tiger; 3. der Papagei; 4. der Papagei, der Affe, der Tiger

8 b. 14

8 c. die Tiere füttern, die Käfige sauber machen, in den Ferien die Tiere nach Hause nehmen, Aktionen planen, Plakate machen

8 d. Wir, Wir, Wir, ihr, Alle

10 a. A + E, B + F, C + D

10 b. Meerschweinchen: Bobo, klettern, Salat und Gurken
Katze: Tiger, springen und klettern, Schinken und Käse
Fische: –, schnell schwimmen, Fischfutter

11 b. Foto A

11 c. Kopf: braun, Ohren: lang und braun, Augen: schwarz, Rücken: braun, Bauch: braun, Schwanz: kurz und braun

13 a. Patricia möchte ein Kaninchen, aber ihre Eltern sind dagegen. Der Biologielehrer Paul Kluge hilft.

13 b. 1. Mach mehr zu Hause. 2. Räum dein Zimmer auf. 3. Mach immer deine Hausaufgaben. 4. Lern für die Schule. 5. Geh ins Zoogeschäft. 6. Frag nach Informationen. 7. Schreib einen Plan. 8. Sprich noch einmal mit deinen Eltern.

14 Patricia: 2, 3, 5; Eltern: 1, 4, 6

16 a. 1. c, 2. b

16 b. a, c, e, f, g, i

16 c. Frau Meier ist Tierärztin im Zoo. Ihr Arbeitstag fängt um 6.30 Uhr an. Manchmal muss sie auch Tiere operieren. Ihre Lieblingstiere im Zoo sind Giraffen und Zebras. Sie hat zu Hause zwei Haustiere: einen Hund und eine Katze.

17 *Beispiel:* Wie oft müssen Sie die Robben füttern? Haben Sie viel Arbeit? Müssen Sie auch sauber machen? Wann füttern Sie die Robben? Welches Tier ist Ihr Lieblingstier?

18 1. richtig, 2. falsch, 3. falsch, 4. richtig, 5. richtig, 6. falsch

Spielwiese Rätsel: 6000 kg, Bobo, Paul Kluge

D-A-CH 1. Bernhardiner aus der Schweiz; 2. Bremer Stadtmusikanten: Esel, Hund, Katze, Hahn; 3. Murmeltier aus den Alpen; 3. Bär aus Berlin

⓬ MEIN JAHR

1 a. der Sommer, der Winter, der Frühling, der Herbst

1 b. der Sommer: die Sonne scheint, es ist heiß
der Winter: es schneit, der Schnee
der Frühling: die Blumen blühen, das Gras wird grün, es ist warm
der Herbst: die Bäume sind bunt, der Wind, die Wolken, der Regen, es regnet, es ist kalt

2 a. im Herbst: Drachen steigen lassen, Kastanien sammeln
im Winter: Schlittschuh laufen, einen Schneemann bauen, Ski fahren, Schneebälle werfen
im Frühling: Fahrrad fahren, ein Picknick machen
im Sommer: baden, Eis essen, Fahrrad fahren, ein Picknick machen

5 b. 1 D, 2 A, 3 B, 4 C

5 c. Berliner: B, Lebkuchen: D, Feuerwerk: A, Osterhase: C

5 d. Fasching: Wann? im Februar; Was macht man? man trägt Kostüme, man macht Straßenfeste; Was isst man? Berliner
Weihnachten: Wann? vom 24. bis 26. Dezember; Was macht man? man schmückt den Weihnachtsbaum, man singt Weihnachtslieder, man bekommt Geschenke, man geht in die Kirche, man besucht Freunde und Familie; Was isst man? Plätzchen und Lebkuchen
Silvester: Wann? am 31. Dezember / in der Nacht vom 31. Dezember auf den 1. Januar; Was macht man? man feiert eine Party, man macht ein Feuerwerk, man geht auf die Straße, man begrüßt das neue Jahr
Ostern: Wann? im Frühling / im März oder im April; Was macht man? man färbt Eier bunt, man geht in die Kirche, man sucht Ostereier im Garten; Was isst man? Ostereier, Eier aus Schokolade, Süßigkeiten

7 b. Jan fährt zu Oma und Opa. Lilli fährt ans Meer. Milan und Luis fahren nach Berlin.

7 c. Jan will mit dem Hund rennen. Lilli will tauchen. Milan und Luis wollen auf den Fernsehturm steigen.

11 a. *Beispiel:* das Sommerwetter, die Sommerferien, die Winterferien, die Winterjacke, die Sportschuhe, das Sportfest, die Sporthose, das Schulfest, die Schulferien

11 b. auf dem ersten Wort

12 a. A Jan, B Milan und Luis, C Lilli

12 b. 1. Milan und Luis waren schon auf dem Fernsehturm. 2. Das Wetter in Berlin war bis jetzt nicht so gut. 3. Lilli war in Kroatien am Meer. Jan war auf einem Bauernhof. 4. Lilli hatte keine Angst beim Tauchen. 5. Das Hotelzimmer von Lilli war schön.

17 b. 1. Lea fährt an Weihnachten zu ihren Großeltern nach Hamburg. An Weihnachten fährt Lea zu ihren Großeltern nach Hamburg. 2. Im Frühling fahren wir mit der Klasse an den Bodensee. Wir fahren mit der Klasse im Frühling an den Bodensee. 3. In den Ferien fliegen wir zu unseren Freunden nach Wien. Wir fliegen in den Ferien zu unseren Freunden nach Wien. 4. An Ostern fahre ich mit meinen Eltern in die Alpen. Ich fahre an Ostern mit meinen Eltern in die Alpen. 5. Gestern war Lukas mit seinem Freund im Museum. Lukas war gestern mit seinem Freund im Museum.

Spielwiese: Ganzband A1: 1. Leo, Maja, Felix und Wau; 2. in Berlin (auf dem Alexanderplatz); 3. Nummer 10; 4. Ketschup, seine Haare sind rot; 5. ein Formel-1-Fahrer, aus Heppenheim; 6. eine Schultüte; 7. in München; 8. am Schulkiosk; 9. zwei Uhr; 10. das Lied „Zum Geburtstag viel Glück"; 11. Hamster, Schildkröten, Papageien, Mäuse; 12. Fasching (Karneval, Fastnacht);
Teilband A1.2: 1. in München; 2. mit der U-Bahn; 3. 9; 4. am Schulkiosk; 5. zwei Uhr; 6. Hip-Hop; 7. 19; 8. das Lied „Zum Geburtstag viel Glück"; 9. der Bär; 10. Hamster, Schildkröten, Papageien, Mäuse; 11. Fasching, Karneval, Fastnacht; 12. Osterferien

MACH DICH FIT 7–12

Hören

1. b, 2. a, 3. b, 4. c

Lesen

1 1. a, 2. b, 3. b, 4. c, 5. a, 6. b
2 1. B, 2. B, 3. A, 4. B, 5. C

Schreiben

1 *Beispiel:* Hallo Tom! Mein Name ist ... und ich bin ... Jahre alt. Ich wohne in ... Ich suche auch einen Mailfreund. Ich klettere gern und spiele gern Computerspiele. Spielst du ein Instrument? Ich spiele Gitarre. Morgen sind in Deutschland Ferien. Ich fahre mit meiner Familie nach Österreich. Hast du auch Ferien? Was machst du in den Ferien? Bis bald, ...

Sprechen

1 Beispiele: Kannst du reiten? / Reitest du gern? / Möchtest du reiten?
Mach deine Hausaufgaben! Schreib den Text ab!
Trink Milch mit Honig!
Kauf bitte Brot, Butter und Müsli! / Geh bitte einkaufen!
Kannst du Fußball spielen? / Spielst du gern Fußball? / Wann hast du Fußballtraining?
Was hast du am Montag, dritte Stunde?
Wie viel Uhr ist es? / Wann stehst du auf?
Wie viel kostet das Käsebrötchen?
Räumt das Zimmer auf!

LÖSUNGEN ZUM ÜBUNGSBUCH

❶ SO KLINGT DEUTSCH

1 Leo, Maja, Wau, Felix

2 2. Emil, 3. Finn, 4. Tina, 5. Lotta, 6. Lutz

3 Julia, Maja, Felix, Lara, Emil

4 Kamel, Löwe, Zebra, Affe, Jaguar, Känguru, Tiger; Lösungswort: Elefant

5 Giraffe, Krokodil, Delfin

6 a. ạ: Ạffe, Elefạnt; ọ: Wọlf; a: Jaguar; e: Zebra, Kamel; i: Tiger, Delfin; ö: Löwe

7 a. 1. Löwe, 2. Papagei, 3. Giraffe, 4. Strauß, 5. Känguru

8 au: Strauß, Maus; ei: Papagei; ie: Ziege

10 D, F, G, I, K, L, M, O, R, S, W;
b, e, i, j, m, n, q, s, t, v, y, z

13 1. Poster, 2. Schokolade, 3. Auto, 4. Comic, 5. Foto

❷ HALLO, DAS BIN ICH

1 Tschüss, Hallo, Guten Tag, Auf Wiedersehen

2 Tschüss! Auf Wiedersehen!

3 1. Frau, 2. Herr, 3. Herr, 4. Frau

4 Tschüss, Tom! Hallo, Frau Schwarz!

5 1. Guten Morgen! 2. Guten Tag! 3. Guten Abend! 4. Gute Nacht!

6 1. Guten Morgen! 2. Guten Abend! 3. Gute Nacht!

7 A Guten Morgen, B Guten Tag, C Guten Abend, D Gute Nacht

8  = e,  = i,  = o,  = u
1. Hallo! Ich bin Tim. Und wer bist du? – Ich bin Tom. 2. Guten Tag! Wie heißt du? – Ich heiße Lena.

9 2. Du bist Emil. 3. Tschüss! 4. Ich heiße Moritz. 5. Ich bin Nico. 6. Du heißt Monika.

10 1. Wie 2. Wer, Wie, Wie

12 1. Das ist Lara. 2. Das ist Max. 3. Das ist Linus. 4. Das ist Lina

13 1. Sehr gut. 2. Schlecht. 3. Gut.

14 1. ○ Ich bin Linus. Und du?
● Ich bin Tim.
2. ○ Das ist Emma.
3. ● Danke gut. Und dir?
○ Auch gut.

Lernwortschatz

A 1. Guten Morgen! 2. Guten Tag! 3. Guten Abend! 4. Gute Nacht!

B 1. Guten Abend! 2. sehr gut, 3. Auf Wiedersehen!

C 1. schlecht, 2. nein, 3. Frau

D sch: Tschüss!; ß: heißt; ei: heißt, nein; au: Frau, Auf Wiedersehen!, auch

E Hallo!; Ich heiße …; Danke, gut.; Das ist Wau.

❸ DAS MACHE ICH GERN

1 a. 1. Ich renne gern. 2. Ich schwimme gern. 3. Ich schreibe gern.

2 Ich mache gern Sport. Ich spiele gern. Du schwimmst gern. Ich singe gern. Du rennst gern. Du schreibst gern.

6 1. Er hört Musik. 2. Das ist Leon. Er macht Karate. 3. Das ist Samira. Sie spielt Fußball. 4. Das ist Max. Er schwimmt. 5. Das ist Tommi. Er spielt Computerspiele. 6. Das ist Carla. Sie spielt Tennis.

7 2. Was, 3. Was, 4. Wer, 5. Was, 6. Wer

8 ich: schwimme, renne, telefoniere
du: schreibst, machst, skatest
er / sie: singt, spielt, reitet, klettert

9 *Beispiel:* Ich mache Karate. Ich spiele Gitarre. Du hörst Musik. Du machst Karate. Du machst Sport. Lisa spielt Fußball. Lukas spielt Gitarre.

10 a. B Tina, A Kevin, C Sascha

10 b. Das ist Tina. Sie spielt gern Gitarre. Sie tanzt gern. Und sie hört gern Musik.
Das ist Kevin. Er spielt gern Fußball. Er schwimmt gern. Und er reitet gern.
Das ist Sascha. Er spielt gern Computerspiele. Aber er macht auch Karate. Und er skatet gern.

11 -e, -e, -t, -t, -t, -st, -st, -st

12 a. zwei, fünf, acht, neun, sieben, drei, sechs

12 b. vier, zehn

13 zwei, sechs, eins, fünf

14 1. spielt Basketball, 2. Nummer zwei, 3. Nummer drei spielt Gitarre, 4. macht Karate

Lernwortschatz

A Sport: skaten, rennen, reiten, schwimmen
Musik: tanzen, singen, Gitarre spielen
Nummer: acht, sieben, sechs, fünf, vier, drei, zwei, eins

B schreiben, telefonieren, tanzen, reiten, schwimmen, hören

C Gitarre, Karate, Tennis, Fußball

D *Beispiel:*

S C H W I M M E N
S P I E L E N
T E L E F O N I E R E N
R E I T E N
K L E T T E R N

M A L E N
F U S S B A L L
S K A T E N
S I N G E N
K A R A T E

F spielen, telefonieren, schwimmen, vier, sieben, nicht, Gitarre, richtig

❹ MEINE FAMILIE

1 die Mutter, der Vater, der Großvater, die Großmutter, das Kind

2 1. Er heißt Markus. 2. Das ist die Großmutter. Sie heißt Inge. 3. Das ist die Tante. Sie heißt Claudia. 4. Das ist der Hase. Er heißt Herr Kleiner.

3 2. Es, 3. Sie, 4. Er, 5. Es, 6. Sie

4 1. und Doris. 2. Sie heißen Tom und Emma. 3. Sie heißen Hans und Inge. 4. Sie heißen Gustav, Herr Kleiner und Ella.

5 *Beispiel:* 1. Der Papagei von Maja heißt Kiki. 2. Der Bruder von Maja heißt Jonas. 3. Der Hase von Maja heißt Hoppa. 4. Das Pferd von Maja heißt Hans. 4. Die Mutter von Maja heißt Jutta.

6 1. ? 2. . 3. ? 4. ? 5. . 6. .

7 Spielst du Tennis / Fußball? Telefonierst du gern? Tanzt du gern? Hörst du gern Musik?

8 ein: Mann, Mädchen, Junge, Baby, Hase, Pferd
eine: Frau, Katze, Kuh

9 2. Das ist ein Hund. 3. Das ist ein Hase. 4. Das ist eine Kuh. 5. Das ist eine Katze. 6. Das ist ein Mädchen. 7. Das ist ein Junge.

10 1. ein, der; 2. eine, die; 3. ein, das

11 meine, mein, meine, dein, meine, Deine, meine, dein, Mein

12 a. elf, zwölf, fünfzehn, sechzehn, achtzehn, zwanzig

12 b. dreizehn, vierzehn, neunzehn

13 11 – elf, 13 – dreizehn, 15 – fünfzehn, 16 – sechzehn, 17 – siebzehn, 18 – achtzehn, 19 – neunzehn, 20 – zwanzig

14 2. sieben, 3. zehn, 4. zwölf, 5. zwölf, 6. vierzehn, 7. elf, 8. vierzehn

15 *Beispiel:* Ich heiße Ajax. Ich bin der Hund von Ben und Amelie. Ich bin 16 Jahre alt. Ich spiele gern Ball und ich schwimme und renne gern. Meine Freundin ist eine Katze. Sie heißt Minka.

Lernwortschatz

A Familie: die Schwester, der Sohn, die Tochter, der Vater, die Mutter, der Großvater, die Großmutter, die Eltern, die Großeltern, der Onkel, die Tante
Tiere: das Pferd, die Kuh, der Hase, der Hund, die Katze

B 1 Silbe: Mann, Frau, Kind, Pferd, Kuh, Freund
2 Silben: Eltern, Vater, Mutter, Kinder, Baby, Bruder, Schwester, Tochter, Tante, Tiere, Hase, Katze, Junge, Mädchen, Freundin
3 Silben: Familie, Großvater, Großmutter

C 2. die Schwester, 3. die Katze, 4. der Opa, 5. die Tochter, 6. der Junge

D 1. Baby, schwimmt; 2. ist, Freund; 3. heißt, Hund; 4. Papagei, singt; 5. Opa, spielt, Gitarre

E 2. Oma, 3. Junge, 4. Freund

5 DAHER KOMME ICH

1 a. 1. Deutschland, 2. Österreich, 3. Schweiz

2 1. in, 2. aus, 3. aus, 4. in, 5. in, 6. in

3 2. Wo, 3. Was, 4. Woher, 5. Wie

4 1. liest; 2. spricht, Fährt; 3. Spricht, spricht, Fährt, fährt; 4. Fährst, fahre, lese, Sprichst, spreche

5 1. Wohnt Ralf in Berlin? 2. Wie alt ist Karolin? 3. Wer fährt gern Ski? 4. Kommen Paul und Pauline Eder aus Köln? 5. Skatet Ralf gern?

6 a. 10, Schweiz, Basel, Deutsch, Französisch, liest, spielt, Flöte

6 b. *Beispiel:* Das ist Julius Petri. Er ist 12 Jahre alt. Er wohnt in Graz. Das ist in Österreich. Er spricht Deutsch und fährt gern Ski.
Das ist Milena Sander. Sie ist 11 Jahre alt und kommt aus Deutschland. Sie wohnt in Dresden. Sie spricht Deutsch und Englisch. Sie schwimmt und reitet gern.

7 Wie heißt du? Woher kommst du? Wo wohnst du? Wie alt bist du? Was machst du gern?

8 siebzehn, zweiundsiebzig, siebenundachtzig; sechsundsechzig, sechsundvierzig, sechzehn, sechsundzwanzig; neunundzwanzig, zweiundneunzig, dreiundzwanzig, zweiundzwanzig

11 *Beispiel:* Ich mag Formel-1. Du magst Fußball. Lisa mag Mozart. Lukas mag Tiere.

12 a. heißt, ist, aus, aus, spricht, heißt, heißen, ist, ist, in, spielt, gern, mag

12 b. Schauspielerin

13 2. Carla schwimmt nicht. Sie spielt Tennis. 3. Tommi liest nicht. Er spielt Computerspiele. 4. Leon tanzt nicht. Er macht Karate. 5. Samira reitet nicht. Sie spielt Fußball.

Lernwortschatz

B 1. kommen, 2. sprechen, 3. fahren, 4. wohnen, 5. spielen, 6. mögen

C der Name, die Stadt, die Sprache, das Alter, das Land

D 1. die Komponistin, 2. der Schriftsteller, 3. der Sportler, 4. die Fußballspielerin, 5. die Weltmeisterin

E Hallo, schön, so, Sportler, Österreich, telefonieren, mögen, wohnen, Flöte

F 1. Wo, Wo, 2. Woher, 3. Woher

6 MEINE SCHULSACHEN

1 Spitzer, Heft, Kuli, Lineal, Brotdose, Mappe, Pinsel, Buch, Schere, Kleber

2 der: Füller, Spitzer, Malkasten, Radiergummi, Pinsel, Klebestift, Block, Kuli
das: Lineal, Buch, Heft, Mäppchen
die: Brotdose, Trinkflasche, Schere

3 In Mäppchen 1 ist kein Bleistift, kein Lineal, ein Füller, ein Klebestift. In Mäppchen 2 ist ein Buntstift, ein Spitzer, ein Kuli, kein Radiergummi.

4 a. 1. blau, 2. rot, 3. lila, 4. orange, 5. grün, 6. braun

4 b. *Beispiel:* Die Schultasche von Felix ist blau. Das Auto von Felix ist rot. Die Trinkflasche von Felix ist grün. Das Buch von Felix ist lila. Der Ball von Felix ist orange. Die Gitarre von Felix ist braun.

5 2. Der Hund ist klein. 3. Das Auto ist schwer 4. Die Zahl ist lang. 5. Der Fußball ist rund.

7 1. Das ist ein Heft. 2. Ist das ein Lineal? Nein, das ist kein Lineal. Das ist ein Bleistift. 3. Ist das eine Brotdose? Nein, das ist keine Brotdose. Das ist ein Malkasten. 4. Ist das eine Schere? Nein, das ist keine Schere. Das ist ein Spitzer.

8 2. Ist das ein Mäppchen? 3. Wie heißt das Dingsda? 4. Ist das dein Fahrrad? 5. Wo ist der Kuli? 6. Wie ist der Bleistift?

9 Ich brauche den Spitzer / den Hund. Ich brauche das Buch / das Fahrrad. Ich brauche die Trinkflasche.

10 *Beispiel:* 1. ... einen Pinsel. 2. Ich brauche ein Buch und ein Heft. 3. Ich brauche ein Buch / eine Brille. 4. Ich brauche eine Gitarre / eine Flöte. 5. Ich brauche einen Fußball. 6. Ich brauche ein Fahrrad und einen Fahrradhelm.

11 Julia hat ein Lineal und ein Mäppchen. Sie hat auch eine Schere und einen Malkasten. Sie hat kein Buch. Und sie hat auch keinen Klebestift und keine Brotdose.

12 a. Radiergummi: 4, Mäppchen: 6, Buch: 6, Klebestift: 2, Schere: 2, Lineal: 3, Spitzer: 2

12 b. sechs Mäppchen, sechs Bücher, vier Radiergummis, zwei Klebestifte, drei Lineale, zwei Spitzer

13 5, 7, 8, 1, 9, 3, 6, 2, 4

Lernwortschatz

B der Malkasten, der Radiergummi, der Spitzer, die Schere, der Block, das Buch

C Mäppchen: der Füller, der Kuli, der Bleistift, der Buntstift, der Radiergummi, der Spitzer, das Lineal, die Schere, der Klebestift
Schultasche: das Heft, das Buch, der Block, die Mappe, die Brotdose, die Trinkflasche, der Malkasten, der Pinsel, der Schlüssel, der Taschenrechner, das Handy

D 1. groß, 2. eckig, 3. schwer, 4. kurz, 5. rund, 6. leicht, 7. klein, 8. dick

E *Beispiel:* das Bonbon: rot, orange, gelb, rot, grün ...; der Ball: schwarz-weiß, orange, gelb ...; die Schokolade: braun, weiß; der Hund: braun, schwarz, weiß; das Handy: schwarz, weiß ...

7 MEIN HAUS, MEINE STADT

1 1. Das Haus ist groß. 2. Die Fenster sind klein. 3. Die Tür ist rund. 4. Der Garten ist schön.

2 2. das Bad, 3. das Kinderzimmer, 4. das Wohnzimmer, 5. das Schlafzimmer, 6. die Küche

4 2. f, 3. a, 4. d, 5. e, 6. c

5 *Beispiel:* Ihr duscht im Bad. Ihr esst im Esszimmer. Ihr tanzt im Wohnzimmer und ihr schlaft im Schlafzimmer. Ihr kocht in der Küche. Und ihr spielt im Kinderzimmer Gitarre. Ihr lest im Wohnzimmer und ihr spielt im Garten Fußball.

6 Schrank, Poster, Lampe, Stuhl, Tisch, Bett, Regal
Lösung: Computer

7 1. Mein Zimmer ist groß und schön. Auf dem Tisch sind meine Stifte und eine Lampe. Der Teppich ist schön bunt. 2. Mein Zimmer ist klein. Da sind mein Bett, mein Tisch und meine Regale. Ich lese und ich male. 3. Mein Zimmer ist nicht sehr groß, aber hell. Da sind mein Bett, mein Schreibtisch, mein Schrank und mein Computer. Mein Bruder Tim.

8 Es ist klein, aber schön. Das Wohnzimmer ist hell. Der Tisch ist rund und blau, der Schrank ist alt und gelb. Das Bett ist klein und weiß. Ich male gern.

9 a. 1. ihr Tisch, 2. ihr Schrank, 3. sein Stuhl, 4. ihr Computer, 5. sein Bett, 6. ihr Regal, 7. sein Bild, 8. seine Lampe

10 → das Haus, das Stadion, der Platz, der Park
↓ das Schwimmbad, die Schule, die U-Bahn, der Bahnhof

11 In München gibt es einen Zoo. In München gibt es eine U-Bahn. In München gibt es ein Olympiastadion. In München gibt es einen Fernsehturm. In München gibt es ein Schwimmbad im Olympiapark.

12 In Neustadt gibt es einen Park, einen Bahnhof, einen Fernsehturm und einen Zoo. In Neustadt gibt es keine U-Bahn, keine Schule, keine Bibliothek, kein Stadion, kein Schwimmbad.

13 ein / eine: Haus, Bahnhof, U-Bahn, Straße, Platz, Schule, Park, Auto, Stadion, Zoo
viele: Schulen, Bahnhöfe, Plätze, Parks, Häuser, Autos

14 wohnt, ist, hat, schläft, lernt und spielt, fährt, schwimmt, liest

15 *Beispiel:* Die Sporthalle ist toll. Die Schule ist sehr groß. Der Park ist schön. Der Spielplatz ist super. Die Straße ist laut.

Lernwortschatz

B Haus: der Garten, der Balkon, das Zimmer, das Wohnzimmer, das Schlafzimmer, das Esszimmer, das Kinderzimmer, das Bad, die Küche, das Fenster, die Tür
Zimmer: der Tisch, der Stuhl, der Schrank, das Bett, das Regal, das Bild, die Lampe
Stadt: der Bahnhof, die U-Bahn, der Bus, die Straße, der Platz, der Zoo, der Park, das Stadion, das Schwimmbad, die Wohnung, die Schule, die Bibliothek, die Sporthalle

C der Bahnhof, das Schwimmbad, die Schwimmhalle, die Sporthalle, das Wohnzimmer, das Kinderzimmer

D *Beispiel:* Tür, Bad, Bett (1); Küche, Fenster, Regal (2); Wohnzimmer, Esszimmer (3); Bus, Zoo, Park (1); Straße, Schwimmbad, Bahnhof (2); Sporthalle, Straßenbahn (3)

E *Beispiel:* im Park: spielen, rennen, sitzen
im Schwimmbad: schwimmen, spielen
in der Bibliothek: lernen, lesen
in der Schule: lernen, sitzen, essen
im Wohnzimmer: essen, spielen, lesen, sitzen
in der Küche: kochen, essen

F schlafen, Sportler, Fußballspieler, Schrank, Stuhl, Schwimmbad, Straßenbahn, duschen, stehen

8 MEINE WOCHE

1 a. 1. Freitag, 2. Mittwoch, 3. Dienstag, 4. Montag, 5. Samstag

2 → Mathematik, Werken, Deutsch
↓ Sport, Ethik, Kunst, Englisch, Musik

3 a. 1. Englisch, 2. Religion / Ethik, 3. Sport, 4. Musik, 5. Deutsch, 6. Mathematik

3 b. *Beispiel:* Was hat sie nur am Freitag?

4 3. Michael ist der Erste. 4. Leo ist der Zehnte. 5. Elias ist der Vierte. 6. Wau ist der Zwölfte. 7. Jana ist die Sechste. 8. Felix ist der Neunte. 9. Jonas ist der Siebte. 10. Maja ist die Elfte. 11. Luisa ist die Zweite. 12. Lisa ist die Achte.

5 Montag: Mathematik, Deutsch, Musik, Kunst, Kunst
Dienstag: Mathematik, Musik, Deutsch, Sport, Ethik
Mittwoch: Mathematik, Deutsch, Deutsch, Englisch
Donnerstag: Deutsch, Mathematik, Englisch, Werken, Sport
Freitag: Musik, Sachunterricht, Sachunterricht

7 😐 okay / ganz gut, ☺☺ toll / klasse / super, ☺ gut, ☹ nicht gut / langweilig, ☺☺ toll / klasse / super

8 vorlesen – ich lese vor, abschreiben – ich schreibe ab, zuhören – ich höre zu, zurückgeben – ich gebe zurück

9 1. vor, 2. zu, 3. ab, 4. zurück, 5. auf, 6. an

10 Ben und Karin schreiben die Wörter ab. Meine Mutter ruft ihre Freundin Lotta an. Emma räumt die Küche auf. Herr Weber gibt die Hausaufgaben zurück.

11 1. Apfel, Banane; 2. Käsebrot; 3. Joghurt, Orangensaft; 4. Müsliriegel

12 das Schinkenbrot, der Apfelsaft, das Käsebrötchen, der Schokoriegel, der Joghurt, der Kakao

13 a. 8, 3, 4, 6, 2, 7, 9, 1, 5

14 1. ab, 2. fern, 3. auf, 4. ein

15 2. Zuerst hat Mia eine Klavierstunde, dann geht sie nach Hause. 3. Zuerst hat Tobias Karatetraining, dann holt er seinen kleinen Bruder ab. 4. Zuerst isst Marie zu Mittag, dann ruft sie ihre Freundin an. 5. Zuerst essen Paula und Max Pizza, dann räumen sie die Küche auf. 6. Zuerst lernt Emily für den Test, dann liest sie ein Buch.

16 a. zu Abend essen: 4, Fußballtraining haben: 1, fernsehen: 6, die Küche aufräumen: 5, am Computer spielen: 3, skaten: 2

16 b. *Beispiel:* Am Freitagnachmittag hat Christian Fußballtraining. Dann skatet er. Danach spielt er am Computer. Er isst zu Abend und räumt dann die Küche auf. Dann sehen er und seine Schwester fern.

Lernwortschatz

A gut finden, vorlesen, abschreiben, zuhören, zurückgeben, aufräumen, anrufen, fernsehen, abholen, einkaufen

B Wochentage: der Montag, der Dienstag, der Mittwoch, der Donnerstag, der Freitag, der Samstag, der Sonntag
Schulfächer: die Mathematik, das Deutsch, das Englisch, der Sachunterricht, die Religion, die Ethik, die Musik, die Kunst, der Sport, das Werken
Essen: das Brot, das Brötchen, der Käse, der Schinken, der Apfel, die Banane, der Müsliriegel, der Joghurt
Getränk: der Kakao, der Orangensaft, der Apfelsaft

C 1. Nachmittag, 2. Apfel, 3. Abend, 4. Müsliriegel, 5. Orangensaft

D Stundenplan, Käsebrötchen, Hausaufgaben, Müsliriegel

9 MEINE ZEIT

1

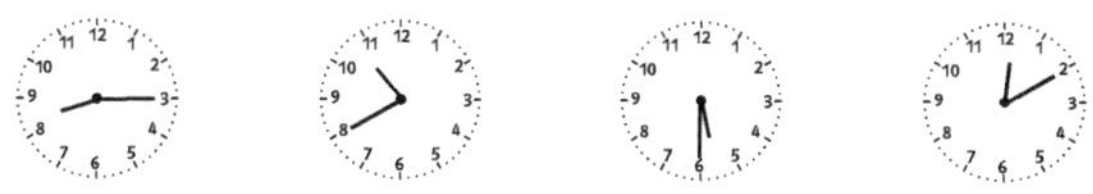

2 2. Es ist fünf Uhr fünfundzwanzig. 3. Es ist vierzehn Uhr dreißig. 4. Es ist achtzehn Uhr fünfzig. 5. Es ist elf Uhr fünfundvierzig. 6. Es ist neunzehn Uhr fünf.

3 2. Max fährt um halb acht mit dem Bus zur Schule. 3. Die Schule fängt um acht an. 4. Die Schule ist um zehn nach eins aus. 5. Max kommt um zwei nach Hause. 6. Max isst um halb drei zu Mittag. 7. Max macht um drei Hausaufgaben.

4 a. 2. um halb acht, 3. um Viertel vor acht, 4. um Viertel nach eins, 5. halb zwei, 6. halb drei

4 b. 2. Um halb acht frühstückt sie. 3. Um Viertel vor acht fährt sie mit dem Fahrrad zur Schule. 4. Um Viertel nach eins ist die Schule aus. 5. Um halb zwei kommt Liv nach Hause. 6. Um halb drei macht sie Hausaufgaben.

5 *Beispiel:* Am Samstag steht Liv um 9 Uhr auf. Sie spielt am Vormittag mit ihrer Freundin Lena. Um eins isst sie zu Mittag. Am Nachmittag spielt sie am Computer. Am Abend liest Liv und sieht fern. Um 21.30 Uhr geht sie schlafen.

8 a. Joghurt, Saft, Honig, Tee, Kakao, Banane, Käse, Brötchen, Keks, Brot, Tomate, Gurke, Ei, Milch, Müsli, Wurst, Marmelade

8 b. der: Joghurt, Saft, Honig, Kakao, Käse, Tee, Keks
das: Brötchen, Brot, Müsli, Ei
die: Banane, Gurke, Milch, Tomate, Wurst, Marmelade

9 *Beispiel:* Ich frühstücke von zehn bis eins. Zum Frühstück esse ich immer Kekse und Gurken. Manchmal esse ich auch Wurstbrot mit Marmelade. Ich esse nie Joghurt. Zum Frühstück trinke ich oft Cola. Aber ich trinke nie Milch.

10 2. Der Deutschkurs ist am Mittwoch um zwei / vierzehn Uhr. 3. Der Fotokurs ist am Montag um vier / sechzehn Uhr. 4. Der Mädchen-Fußball-Kurs ist am Freitag um Viertel vor vier / 15 Uhr 45.
5. Der Lesekurs ist am Donnerstag um Viertel nach fünf / 17 Uhr 15. 6. Der Inlineskating-Kurs ist am Mittwoch um halb fünf / 16 Uhr 30.

11 2. Tobias möchte Fußball spielen. 3. Mia möchte Ballett machen. 4. Kira und Ben möchten kochen.
5. Lena und Laura möchten Theater spielen.
6. Paolo möchte Schach spielen.

12 *Beispiel:* Ich möchte malen und basteln. Du möchtest Musik hören. Meine Freunde möchten schwimmen. Katrin möchte Sport machen. Ihr möchtet Schach spielen. Lukas und Patrick möchten Hip-Hop tanzen.

13 *Beispiel:* Ich möchte ins Olympia-Schwimmbad gehen. Schwimmen finde ich super. Ich möchte in den Kletterpark gehen. Klettern finde ich toll. Ich möchte nicht in die Kinderwerkstatt gehen. Basteln finde ich blöd. Ich möchte nicht ins Museum für Technik gehen. Technik finde ich langweilig.

14 1. Ich möchte am Samstag ins Theater gehen. Kommst du mit? – Ja, das ist eine tolle Idee.
2. Ich möchte am Freitag skaten. Kommst du mit? – Nein, ich habe keine Zeit. Ich muss Mathe lernen.

15 *Beispiel:* Ja, ich habe Lust. Aber ich muss am Donnerstagnachmittag Englisch lernen. – Kannst du auch am Samstag? – Hast du am Freitag Zeit?

Lernwortschatz

A Tagesablauf: die Zeit, die Uhr, die Minute, aufstehen, frühstücken, anfangen, arbeiten, trinken
Frühstück: das Ei, die Wurst, die Tomate, die Gurke, der Honig, die Marmelade, das Müsli, der Keks, der Kuchen, die Milche, der Tee, der Saft
Nachmittagsaktivitäten: basteln, Theater spielen, Schach spielen, Experimente machen, ins Theater gehen, ins Kino gehen

B Honig, Käse, Wurst, Tomate, Keks, Kuchen, Joghurt, Tee, Kakao, Milch, Apfelsaft, Marmelade

D ☺ Ja, klar!, Gern! Und wann?, Ja, tolle Idee., Ja, super! Um wie viel Uhr?
😐 Vielleicht., Ich weiß nicht.
☹ Nein, keine Zeit., Ich kann nicht., Das geht nicht., Ich habe keine Lust.

E 1. Küche, 2. Hausaufgaben, 3. Schach, 4. Gitarre, 5. zusammen

F 10.30, 12.40, 14.10, 16.30, 19.05, 20.35

G Hausaufgaben machen, Hip-Hop tanzen, zu Mittag essen, Theater spielen, zur Schule gehen, das Zimmer aufräumen, zum Frühstück essen, nach Hause fahren / gehen / kommen

10 MEIN GEBURTSTAG

1 a. Oktober, Januar, März, April, Mai, Juni, Juli, August, September

1 b. Februar, November, Dezember

2 1. am, 2. am, 3. im, 4. im, 5. um

3 *Beispiel:* Ich fahre im Januar Ski. Ich skate im Januar nicht.
Ich möchte im Juli Fahrrad fahren. Ich möchte im Juli nicht in die Schule gehen.

4 Milena (muss vor Jannick), Marc (muss vor Jasmin)

5 Milena hat am dritten März Geburtstag. Jannick hat am zehnten Mai Geburtstag. Justin hat am siebten Juni Geburtstag. Sofie hat am zwölften Juli Geburtstag. Marc hat am fünfzehnten Oktober Geburtstag. Jasmin hat am achten November Geburtstag.

7 Liebe Sandra,
herzlichen Glückwunsch zum Geburtstag! Ich wünsche dir viel Glück und eine tolle Party.
Deine Freundin Lia

8 A: Max, 17. April, Kletterpark, Isabellastraße 13, Linus
B: Olivia, am 4. September, 15 – 19 Uhr, im Garten, Kapuzinerstraße 10, Leonie

9 Wie heißt du? Wie alt bist du? Wann hast du Geburtstag? Wann machst du deine Geburtstagsparty? / Wann feierst du? Wo feierst du? Wann fängt die Party an? Wie lange geht die Party? Wen lädst du ein?

10 2. sie, 3. sie, 4. sie, 5. sie, 6. sie

11 1. dich, 2. sie, 3. sie, 4. sie, 5. mich

12 1. Hallo Linus, danke für die Einladung! Natürlich komme ich. Viele Grüße, Max
2. Lieber Linus, vielen Dank für deine Einladung. Leider bin ich krank und kann nicht kommen. Ich wünsche dir alles Gute! Herzliche Grüße, Livia

13 Nein, der Ring gefällt mir nicht. Ja, die Fußballschuhe gefallen mir. Ja, das Computerspiel gefällt mir. Nein, der Rucksack gefällt mir nicht.

15 *Beispiel:* Die Blumen sind für die Mutter.
Der Pullover ist für den Vater. Die DVD ist für dich. Der Hase ist für das Baby.

16 *Beispiel:* Jasmin kann Blumen kaufen. Martin kann einen Kuchen backen. Ich kann Klavier spielen. Meine Freunde können das Zimmer schmücken. Du kannst ein Bild malen.

17 Kira kann Einladungskarten schreiben. Lisa kann nicht helfen. Sie hat keine Zeit. Vera und Alexa können den Tisch schmücken. Jonas und Max können nicht einkaufen. Sie sind krank.

Lernwortschatz

A 1. die Einladung, das Fest, das Geschenk, feiern, einladen; 2. Alles Gute!, Glückwunsch!, Viel Glück!; 3. feiern; 4. backen; 5. schmücken

B Geburtstagsgeschenk, Geburtstagsparty, Geburtstagstorte, Geburtstagskarte, Geburtstagsüberraschung, Geburtstagsfest, Geburtstagsspiel, Geburtstagseinladung, Geburtstagskalender

C Beispiele: 1. der Ball; 2. die Jeans; 3. die Torte; 4. die Blume; 5. das Spiel, der Film, das Fest, die Party; 6. der Pullover, das Geschenk

D 1. besser, 2. lieber, 3. besser, 4. lieber

F 1. essen, Eis; 2. September, Fest; 3. Adresse; 4. Musik, Fußball, besser; 5. heißt, bester

⓫ MEINE LIEBLINGSTIERE

1 der Bär, die Giraffe, der Wolf das Zebra, der Löwe, die Schlange, der Pinguin, das Känguru

2 *Beispiel:* Der Wolf lebt in Europa. Das Känguru kommt aus Australien. Die Schlange lebt in Südamerika. Das Zebra kommt aus Afrika.

3 1. ist, 2. frisst, 3. fressen, 4. kann, 5. sind, 6. können

4 1. Welches, 2. Welcher, 3. Welche, 4. Welche

5 a. der Bär, braun; die Giraffe, laufen; der Wolf, Europa, laufen, springen, schwimmen; das Känguru, hellbraun

5 b. *Beispiel:* Der Bär lebt in Nordamerika und in Europa. Er ist braun. Er frisst Fleisch, Pflanzen und Fisch. Er kann laufen, klettern und schwimmen.
Die Giraffe lebt in Afrika. Sie ist gelb und schwarz. Sie frisst Pflanzen. Sie kann schnell laufen.
Der Wolf lebt in Europa und in Nordamerika. Er ist grau. Er frisst Fleisch. Er kann laufen, springen und schwimmen.
Das Känguru lebt in Australien. Es ist braun. Es frisst Pflanzen. Es kann laufen und sehr gut springen.

6 *Beispiel:* Der Tiger kann nicht fliegen. Der Tiger und der Pinguin können schwimmen. Der Affe kann klettern. Der Pinguin und die Robbe können tauchen und robben.

7 Wo lebt sie? Wie groß ist sie? Wie schwer ist sie? Was frisst das Tier?

8 *Beispiel:* In Deutschland wohnen 11 Millionen Katzen. Es gibt 7 Millionen Hunde in Deutschland. In Deutschland gibt es 6 Millionen Kleintiere. Es gibt in Deutschland 3 Millionen Vögel und 2 Millionen Fische.

9 Wir, Wir, Alle, ihr, ihr

10 2. Ihr Hund ist gefährlich. 3. Unsere Schildkröte ist alt. 4. Ihr Meerschweinchen ist lustig. 5. Deine Maus ist klein.

11 a. Bauch, Ohren, Nase, Augen, Schwanz, Kopf

11 b. Beine, Rücken

13 einer: Mach den Käfig sauber! Gib dem Papagei genug Wasser! Sprich mit deinen Eltern.
viele: Füttert jeden Tag eure Tiere. Geht jeden Tag mit dem Hund spazieren. Fragt den Tierarzt.

14 1. räum 2. hört 3. schreibt 4. geht 5. hilf

15 Mach, Iss, Trink, Geh, Sitz

16 2. Wie alt sind Sie? 3. Woher kommen Sie? 4. Wo wohnen Sie? 5. Sprechen Sie Deutsch?

Lernwortschatz

A Hamster, Tiger, Giraffe, Robbe, Schildkröte

B 1: Bär, Wolf, 2: Schlange, Zebra, Löwe, Affe, Robbe, Tiger, Hamster 3: Känguru, Giraffe, Pinguin, Elefant, Papagei, Krokodil, Meerschweinchen

C 1. fliegen, 2. Fleisch, 3. Pflanze, 4. Rücken

D Der Papagei hat ein Problem. Er lebt im Käfig. Aber er möchte nach Südamerika fliegen. Der Bär hat einen dicken Bauch. Er braucht viel Futter. Er ist gefährlich. Ich habe eine Frage: Gibt es im Geschäft Schildkröten?

⓬ MEIN JAHR

1 der Frühling, der Sommer, der Herbst, der Winter

2 1. Im Winter ist es sehr kalt. 2. Im Herbst sind die Bäume bunt. 3. Die Sonne scheint im Sommer. 4. Die Blumen blühen im Frühling.

3 a. Drachen steigen lassen, einen Schneemann bauen, Schlittschuh laufen, ein Picknick machen, Kastanien sammeln, Schneebälle werfen

3 b. *Beispiel:* Im Winter läuft man Schlittschuh. Im Frühling fährt man Fahrrad. Im Winter baut man einen Schneemann. Im Sommer macht man ein Picknick.

4 1. läuft, 2. baden, 3. fährt, 4. bauen, 5. isst, 6. fahren

5 1. b, 2. a, 3. b, 4. b, 5. b, 6. a

6 In England feiert man Halloween. Das Fest ist am 31. Oktober. Man trägt Kostüme und macht Partys. Man isst Kürbis.
In Russland feiert man Butterwoche. Das Fest ist im Februar. Die Menschen machen ein Feuer, singen und tanzen. Man isst Pfannkuchen.
In Mexiko feiert man Dreikönigstag. Das Fest ist am 6. Januar. Die Kinder bekommen Geschenke. Man isst Kuchen mit Früchten.

7 1. zu 2. nach 3. ans 4. an den 5. in die 6. auf die

8 1. Ich will ans Meer fahren. 2. Willst du heute ins Kino gehen? 3. Wir wollen im Sommer nach Spanien fliegen. / Im Sommer wollen wir nach Spanien fliegen. 4. Wollt ihr im Winter Snowboard fahren? 5. Alex will im August zu Oma und Opa fahren. / Im August will Alex zu Oma und Opa fahren. 6. Die Kinder wollen nach der Schule mit dem Hund spielen. / Nach der Schule wollen die Kinder mit dem Hund spielen.

9 2. Am Freitag will Lotta Eis essen. 3. An Fasching will Max ein Monsterkostüm tragen. 4. Heute wollen Anna und Mia malen. 5. In den Winterferien wollen Timo und Ben Ski fahren. 6. Im Sommer will Leonie skaten.

10 der Badeanzug, die Badehose, die Sportsachen, die Sporthose, die Sportjacke, der Sportanzug, die Sonnenmilch, die Trinkflasche, die Taschenlampe, die Regenjacke

11 2. die Winterjacke, 3. die Taucherbrille, 4. der Reithelm, 5. die Sportschuhe, 6. die Regenjacke

12 1. heute, 2. heute, 3. vor 2 Wochen, 4. vor 2 Wochen, 5. heute, 6. heute, 7. vor 2 Wochen

13 war, war, war, war, waren, hatte, warst, hattest

14 2. Tobias war am Meer. 3. Florian war im Stadion. 4. Paolo war im Skatepark. 5. Lena und Laura waren im Kino.

15 1. im, 2. im, 3. am, 4. im, 5. in, in; 6. im

16 Wie waren deine Ferien? Wo warst du? Wie war das Wetter? Und hattest du keine Angst im Wasser?

17 *Beispiel:* Hallo Lena, am Samstag war ich um 16 Uhr bei Leon auf der Gartenparty. Die Party war ganz okay. Die Schokoladentorte war sehr lecker! Das Wetter war nicht so toll, aber wir hatten viel Spaß. Viele Grüße, …

Lernwortschatz

B Jahreszeiten: der Herbst, der Winter, der Frühling, der Sommer
Feste: das Weihnachten, der / das Silvester, der Fasching, das Ostern
Natur: der Berg, das Meer, der See, die Insel
Verkehrsmittel: der Schiff, der Zug, das Flugzeug
Kleidung: die Jacke, die Hose, die Mütze, die Badehose, der Badeanzug, der Schlafanzug

C 2. der, das, das Aprilwetter; 3. das, der, der Osterhase; 4. der / das, die, die Silvesterparty; 5. der, der, der Schneemann; 6. der, das, das Faschingskostüm

D 1. blühen, 2. steigen, 3. suchen, 4. werfen, 5. bekommen, 6. tragen

E 1. fliegen, Vögel, Afrika; 2. Fasching, feiert, Februar; 3. für, Vater; 4. Silvesterparty, viele Freunde

LÖSUNGEN ZUM TESTHEFT

Test zu Lektion 2–3

1 1. skaten, 2. tanzen, 3. telefonieren, 4. Gitarre spielen, 5. reiten

2 1. Sibel, 2. Lara, 3. Hanna, 4. Leon, 5. Tommi

3 1. Ich heiße Julia. Und du? 2. Wie bitte? 3. Danke, gut. 4. Hallo Petra. Wie geht's? 5. Tschüss Moritz.

4 *Es gibt mehrere Lösungen. In Satz 1 sollen die S den eigenen Namen schreiben. Auch in Satz 5 können sie Namen angeben.*
1. Ich bin / Ich heiße ... 2. Danke, gut / sehr gut / es geht / schlecht. 3. Ich ... 4. Ich ... nicht gern. 5. Ich spiele gern Fußball. / ... spielt gern Fußball. / Emil. / Ich und Emil.

Test zu Lektion 4

1 der: Hund, Bruder; das: Baby; die: Familie, Schwester, Freundin

2 1. richtig, 2. falsch, 3. falsch, 4. richtig, 5. richtig

3 1. Wie heißen deine Großeltern? 2. Ist das deine Schwester? 3. Spielst du Tennis? 4. Wie heißt deine Schwester? 5. Spielt dein Bruder Fußball?

4 *Es gibt mehrere Lösungen.* 1. Das ist meine Schwester. Sie heißt Julia und sie ist 12 (Jahre alt). 2. Das ist mein Bruder. Er heißt Kevin und er spielt (gern) Gitarre. 3. Das ist mein Vater. Er heißt Paul und er spielt (gern) Fußball. 4. Das ist meine Mutter. Sie heißt Jana und sie reitet gern. 5. Das ist meine Katze, sie heißt Bonny.

Test zu Lektion 5

1 1. Sprichst, 2. Fährt, 3. Liest, 4. wohnt, 5. Spielst

2 Stadt: Zürich
Sprache: Deutsch und Französisch
Hobby: Lesen, Computerspiele, (Filme)
Familie: Bruder (Jonas)
Tiere: Katzen (Frodo und Sam)

3 1. Ja, er spielt Fußball. 2. Ja, und er spricht auch Französisch. 3. Aus Berlin. 4. Nein, ich mag Sport nicht. 5. In Wien.

4 *Es gibt mehrere Lösungen. Beispiel:* Das ist Sarah. Sie wohnt in Wien. Sie ist 11 Jahre alt. Sie spricht Deutsch und Englisch. Sie liest gern und sie spielt Flöte.

Test zu Lektion 6

1 1. den, 2. ein, 3. kein, 4. einen, 5. eine

2 Heft, Buntstifte, Trinkflasche, Handy, Bonbon

3 1. 3 Euro 20, bitte. 2. Zwei. 3. Ja, danke. 4. Die Schere. 5. Es ist dick.

4 1. Ich habe ein Lineal, es ist lang. 2. Im Mäppchen ist eine Schere, sie ist grün. 3. Das ist meine / eine Brille, sie ist eckig. 4. Ich habe Buntstifte, sie sind dünn. 5. Das ist meine / eine / die Schultasche, sie ist schwer.

Fertigkeitentest 1–6

1 1. richtig, 2. falsch, 3. falsch, 4. richtig, 5. richtig

2 1. Max, 2. Lara, 3. Marie, 4. Max, 5. Marie

3 *individuelle Lösung*

4 *Es gibt mehrere Lösungen. Beispiel:* Wie heißt du? Wie alt bist du? / Bist du 10 Jahre alt? Liest du gern? Hast du ein Fahrrad? / Fährst du gern Fahrrad? Magst du Sport? / Machst du Sport? Magst du Musik? / Hörst du gern Musik? Magst du Filme? Wie ist deine Schule? / Wie heißt deine Schule? Hast du ein Tier? Was ist dein Hobby? Lernst du Englisch? / Sprichst du Englisch? Wie ist deine Schultasche? / Ist deine Schultasche schwer?

Test zu Lektion 7

1 1. hat, 2. steht, 3. spielt, 4. geht, 5. fährt

2 1. falsch, 2. richtig, 3. richtig, 4. falsch, 5. richtig

3 1. Nein, ich gehe zu Fuß. 2. Sie ist klein, aber schön. 3. Einen Bahnhof und eine U-Bahn. 4. Ja, aber meine Schwester wohnt auch dort. 5. Ein Bett und ein Regal mit Büchern.

4 *Es gibt mehrere Lösungen. Beispiel:* Ich wohne in München. Meine Wohnung ist schön. Ich habe ein Kinderzimmer und einen Schreibtisch. Im Kinderzimmer spiele und lerne ich. Ich fahre mit dem Fahrrad zur Schule.

Test zu Lektion 8

1 1. Daniel schreibt die Wörter ab. 2. Lara und Paul sehen am Abend fern. 3. Die Mutter liest das Buch vor. 4. Tom hört im Unterricht zu. 5. Der Lehrer gibt das Heft zurück.

2

	Lieblingsfach	Das Fach mag sie nicht
Anne	Deutsch	Mathematik (Rechnen)
Lotta	Musik	Sport
Carla	Mathematik (Rechnen)	Kunst /Malen

3 1. Am Dienstag und am Donnerstag. 2. 50 Cent. 3. Am Mittwochnachmittag und am Samstag. 4. Deutsch, Mathematik und Musik. 5. Ja, das ist mein Lieblingsfach.

4 *Es gibt es mehrere Lösungen. Beispiel:* Am Mittwochnachmittag ist Max früh zu Hause. Zuerst macht er die Hausaufgaben. Dann räumt er das Zimmer auf. Dann hat er Karatetraining. Er ruft noch Peter an. Er isst zu Abend.

Test zu Lektion 9

1 1. Lukas fährt mit dem Fahrrad zur Schule. 2. Wann stehst du am Sonntag auf? 3. Ich muss Hausaufgaben machen. 4. Patrick sieht am Abend fern. 5. Ich möchte heute skaten.

2 1. falsch, 2. richtig, 3. falsch, 4. falsch, 6. richtig

3 1. Einmal im Monat. 2. Eine Stunde. 3. Um 1 Uhr. 4. Es ist halb 2. 5. Nein, nur am Samstag oder Sonntag.

4 *Es gibt mehrere Lösungen. Beispiel:* Am Mittwoch stehe ich im sieben Uhr auf. Ich frühstücke ein Brötchen und einen Joghurt. Ich fahre mit dem Fahrrad in die Schule. Am Nachmittag habe ich frei. Am Sonntag stehe ich um neun Uhr auf. Ich frühstücke lange. Ich spiele und gehe klettern.

Test zu Lektion 10

1 1. am, 2. am, 3. um, 4. für, 5. im

2 1. am Samstag / am Samstag um 14.00 Uhr, 2. Jan, Jonas, Michael, 3. im Zoo und zu Hause, 4. Pizza, 5. bis 19.00 Uhr

3 1. Wann hast du Geburtstag? 2. Wo ist die Party? 3. Wie viele Kinder kommen zur Party? 4. Wie ist die Adresse? 5. Wie lange geht die Party?

4 *Es gibt mehrere Lösungen. Beispiel:* Ich lade dich zu meiner Geburtstagsparty ein. Die Party ist am 23. Mai um 16 Uhr. Wir feiern zu Hause. Die Adresse ist Langstraße 10. Meine Telefonnummer ist 233544.

Test zu Lektion 11

1 1. Räum (bitte) das Zimmer auf! 2. Füttere (bitte) die Katze! 3. Mach (bitte) den Käfig sauber! 4. Geh (bitte) mit dem Hund spazieren! 5. Kauf (bitte) Futter für den Hund.

2 1. 11 cm (lang), 2. goldbraun und weiß, 3. in Syrien und Asien, 4. Gemüse / Gurken, 5. groß

3 1. Die Katze. 2. Ja, einen Papagei. 3. In Asien und Afrika. 4. Die Robbe. 5. Fleisch und Fisch.

4 *Die Schüler können frei über das Bild schreiben. Sie müssen nicht zu jedem Stichwort etwas schreiben.*

Test zu Lektion 12

1 1. waren, 2. war, 3. hatten, 4. war, 5. warst

2 1. ans Meer, 2. in die Berge, 3. an Ostern, 4. nach Berlin, 5. An Weihnachten

3 1. Im Frühling. 2. Ja, das war toll. 3. Weihnachten. 4. Super, ich war in Österreich. 5. Wir fliegen nach Spanien.

4 *Es gibt mehrere Lösungen.*

Fertigkeitentest 7–12

1 1. b, 2. a, 3. c, 4. b, 5. c

2 1. c, 2. a, 3. c, 4. b, 5. a

3 *Beispiel:* Meine Schule heißt ... Sie ist groß und hell. Es gibt einen Schulhof, hier spielen wir. Wir haben keinen Schulgarten. Nachmittags gibt es Sport-AGs, man kann Fußball, Handball und Volleyball spielen. Ich mag meine Schule. Die Lehrer sind nett und ich habe viele Freunde.

4 *Beispiel:* Kannst du skaten? / Skatest du gern? Magst du den Winter? / Was machst du im Winter? Wann / um wie viel Uhr stehst du auf? Räum den Tisch auf! Hast du ein Fahrrad? / Fährst du gern Fahrrad? Füttere den Hund! Hast du eine Katze? / Magst du Katzen? Steh bitte auf! Hast du ein Zelt? / Was machst du in den Ferien? Gehst du oft / gern ins Kino? / Wollen wir ins Kino gehen? Wann frühstückst du? Was machst du dienstags? / Hast du am Dienstag Zeit? Möchtest du einen Apfel? Mal ein Bild! Back einen Kuchen!

Modelltest

Goethe-Zertifikat A1: Fit in Deutsch 1

Hören

Teil 1 1. a; 2. b; 3. a; 4. a; 5. c; 6.b

Teil 2 7. falsch, 8. falsch, 9. richtig, 10. falsch, 11. richtig, 12. falsch

Lesen

Teil 1 1. c; 2. a; 3. b; 4. a; 5.c; 6.c

Teil 2 7. falsch, 8. richtig, 9. richtig, 10. falsch, 11. falsch, 12. falsch

Schreiben

Beispiel: Lieber Piotr, am Mittwoch habe ich fünf Stunden Schule: zwei Stunden Deutsch, Mathe, Kunst und Sport. Ich mag Sport! Am Nachmittag habe ich auch eine Fußball-AG. Ich esse zu Hause und gehe dann auf den Fußballplatz. Spielst du auch Fußball?
Viele Grüße
Jannick

Sprechen

Teil 2 *Beispiel Thema Schule:* Wie ist deine Klasse? – Meine Klasse ist sehr nett und lustig. Was ist dein Lieblingsfach? – Mein Lieblingsfach ist Kunst. Welche AGs gibt es in deiner Schule? – Es gibt eine Foto-AG und eine Fußball-AG. Hast du Freunde? – Ja, ich habe viele Freunde in der Schule. Wie heißt dein Lehrer? – Mein Lehrer heißt Herr Müller. Wie ist euer Schulhof? – Unser Schulhof ist groß.

Beispiel Thema Wochenende: Wann frühstückst du? – Ich frühstücke am Wochenende um neun Uhr. Wollen wir am Sonntag ins Kino gehen? – Ja, gern, ich komme mit ins Kino. Lernst du am Wochenende? – Nein, am Wochenende spiele ich. Wann stehst du am Wochenende auf? – Ich stehe um halb neun auf. Machst du am Samstag Sport? – Ja, am Samstag spiele ich Tennis. Wann gehst du am Wochenende schlafen? – Ich gehe um neun Uhr schlafen.

Teil 3 *Beispiel:* Fährst du gern Ski? – Ja, im Winter fahre ich gern Ski. Mach deine Hausaufgaben! / Lern für die Schule! – Nein, ich habe keine Lust. Füttere bitte den Hund! – Ja, ich füttere den Hund. Trink nicht so viel Cola! – Ich möchte aber noch eine Cola. Spielst du Gitarre? – Ja, ich spiele gern Gitarre. Reitest du gern? – Nein, ich reite nicht. / Ich kann nicht reiten.

Lies das Buch. – Nein, ich habe keine Lust. Wie viel kosten die Schuhe? – Die Schuhe kosten 20 Euro. Was machst du im Sommer? – Im Sommer gehe ich ins Schwimmbad. Hast du einen Hund? – Ja, ich habe einen Hund. Er heißt Bello. Füttere die Katze! – Ja, das mache ich. Geh zum Tierarzt! / Frag den Tierarzt! – Ja, ich frage die Tierärztin.

❶ KOPIERVORLAGE: Tier-ABC

A

B

C

D

E

F

G

H

I

J

K

L

Deutschprofis A1
Lehrerhandbuch
ISBN 978-3-12-676473-5

M

N

O

P

Q

R

S

T

U

V

W

X

Y

Z

Deutschprofis A1
Lehrerhandbuch
ISBN 978-3-12-676473-5

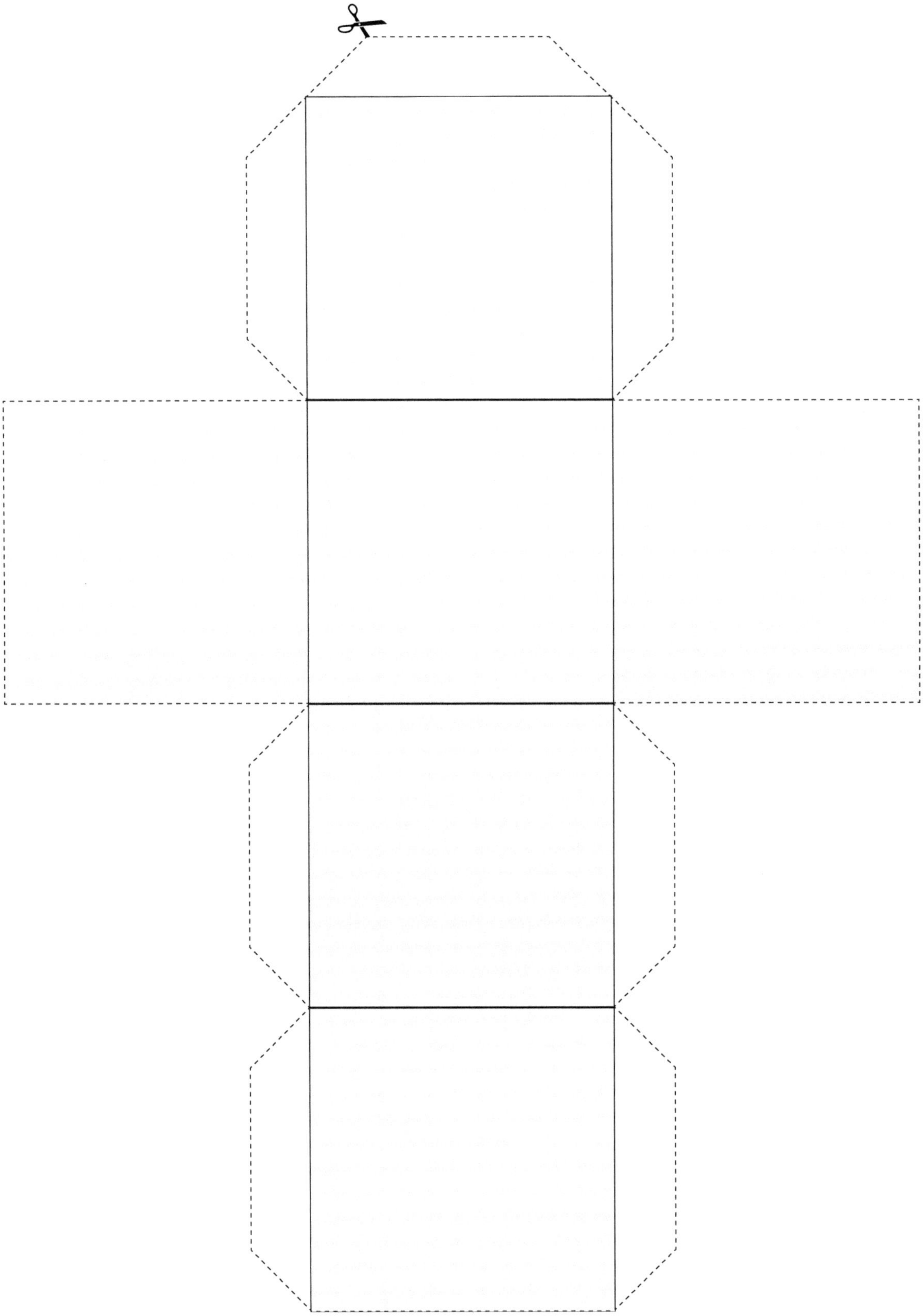

Deutschprofis A1
Lehrerhandbuch
ISBN 978-3-12-676473-5

[| | [| [| [

Vorderseite

Satzmaschine:

1. Schneide die Streifen (**S1**, **S2**, **S3**) aus.
2. Schneide die Vorderseite und die Rückseite aus.
3. Schneide die Fenster in der Vorderseite aus.
4. Hefte die Vorderseite und die Rückseite an 4 Stellen ([) zusammen.
5. Schiebe die Streifen (**S1**, **S2**, **S3**) durch.

Rückseite

S1	S2	S3

Deutschprofis A1
Lehrerhandbuch
ISBN 978-3-12-676473-5

❹ KOPIERVORLAGE: Zahlen 1–10

Deutschprofis A1
Lehrerhandbuch
ISBN 978-3-12-676473-5

5 KOPIERVORLAGE: Satzkarusell

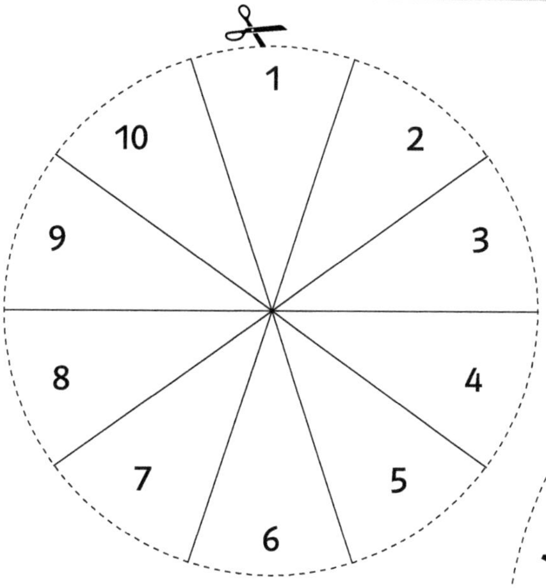

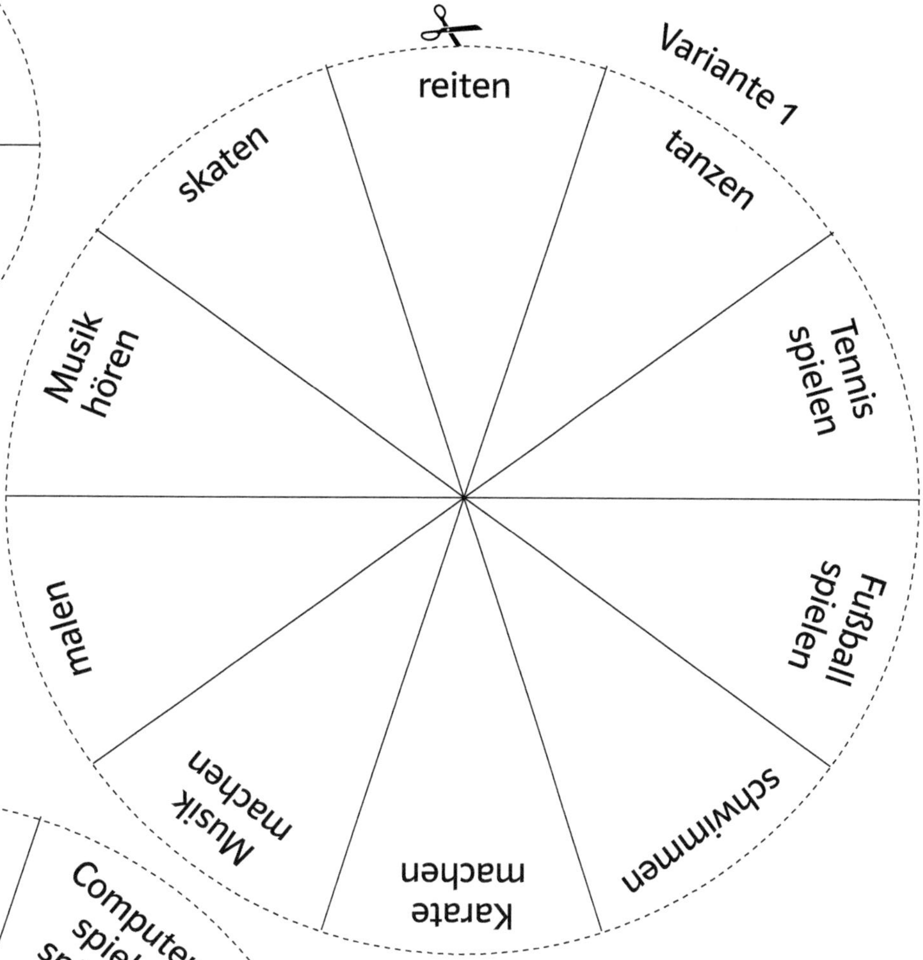

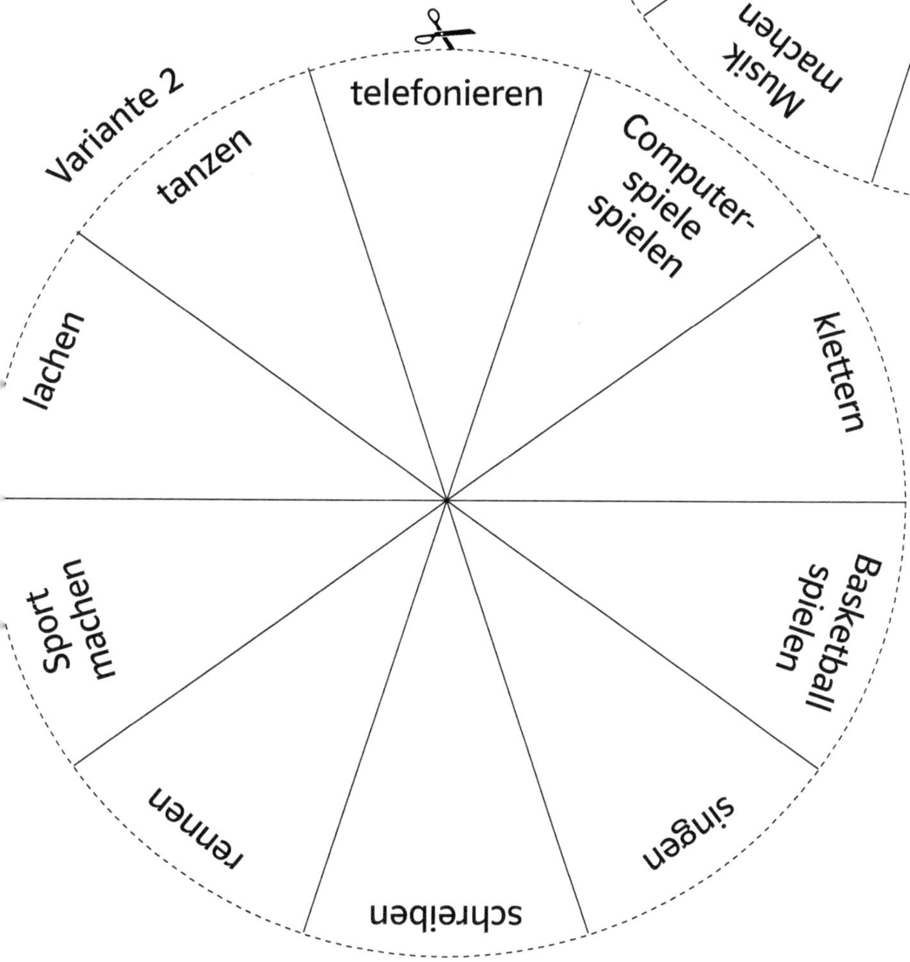

1. Schneide die Kreise aus.
2. Lege den kleinen Kreis auf einen großen Kreis (1 oder 2) und hefte sie mit einer Klammer zusammen.
3. Bilde Sätze, z. B.: Nummer 3 hört Musik.

Deutschprofis A1
Lehrerhandbuch
ISBN 978-3-12-676473-5

Beispiel: A: Wie heißt der Bruder von Max?
B: Er heißt …

A

Name:	Name: Max
Schwester: Miriam	Bruder:
Eltern:	Eltern: Simone und Paul
Oma und Opa: Berta und Max	Oma und Opa:
Tante: Helga	Onkel:
Haustier:	Haustier: Papagei

Beispiel: B: Wie heißt die Schwester von Monika?
A: Sie heißt …

B

Name: Monika	Name:
Schwester:	Bruder: David
Eltern: Anna und Jörg	Eltern:
Oma und Opa:	Oma und Opa: Karl und Doris
Tante:	Onkel: Ralf
Haustier: Hund	Haustier:

Deutschprofis A1
Lehrerhandbuch
ISBN 978-3-12-676473-5

7 KOPIERVORLAGE: Städtepuzzle

Deutschland, Österreich, Schweiz – wie heißen die Städte?

Gehe von ▲ nach oben und nach rechts – so heißt die Stadt.

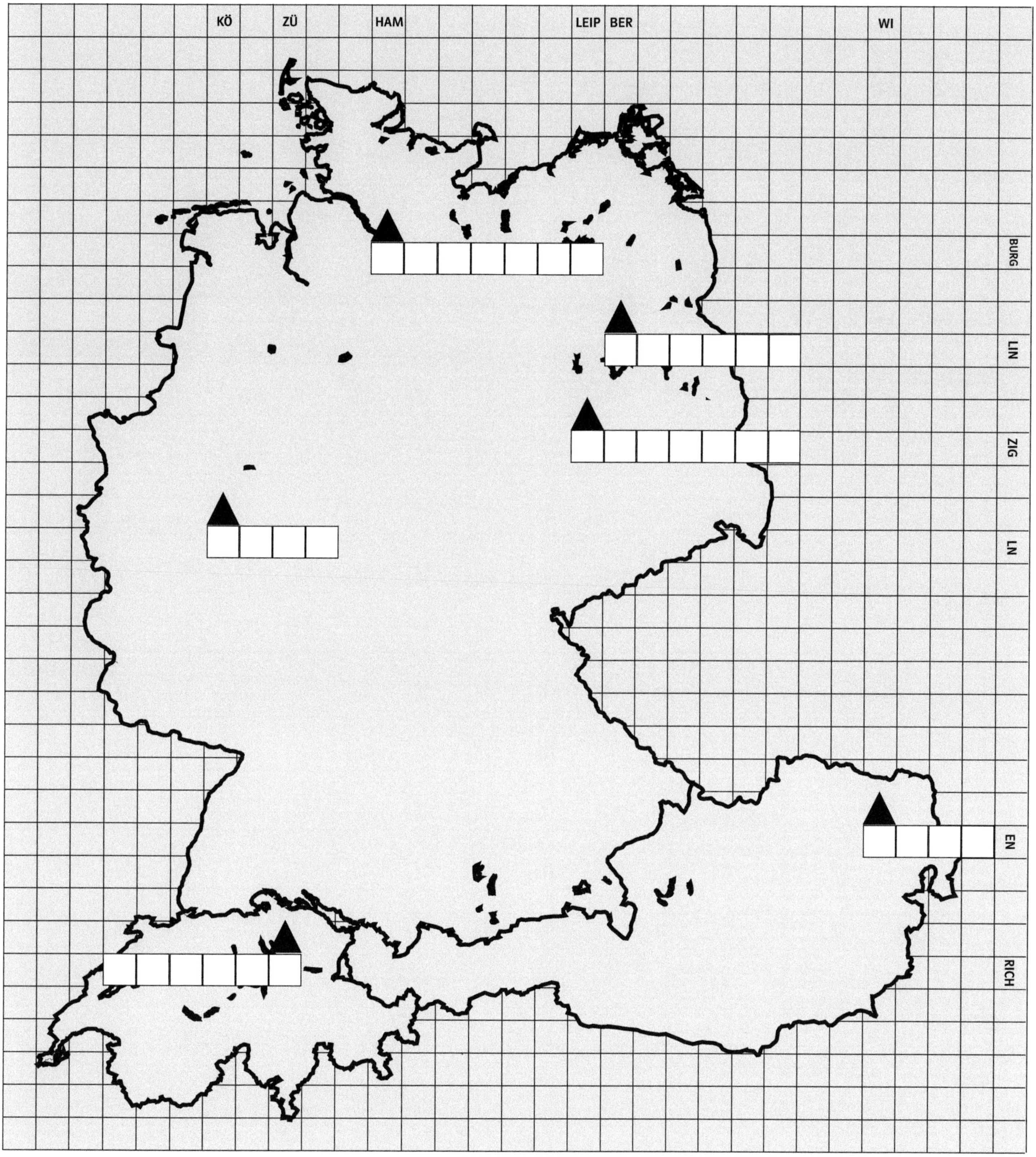

ISBN 978-3-12-676473-5

....

....

Name	Telefonnummer

Deutschprofis A1
Lehrerhandbuch
ISBN 978-3-12-676473-5

❾ KOPIERVORLAGE: Malen nach Zahlen

Mal das Bild nach den Zahlen an.

1 rot
2 gelb
3 orange
4 braun
5 lila
6 grün
7 blau
8 schwarz
9 rosa

Deutschprofis A1
Lehrerhandbuch
ISBN 978-3-12-676473-5

⑩ KOPIERVORLAGE: Eigenschaften-Domino

START	
klein	
groß	
dünn	
dick	
kurz	
lang	
leicht	
schwer	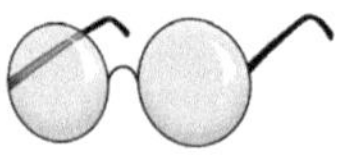
rund	
eckig	**ZIEL**

Deutschprofis A1
Lehrerhandbuch
ISBN 978-3-12-676473-5

Wähl eine Station. Lös die Aufgabe. Fertig?
Dann mal das Bild auf deinem Laufzettel aus und geh zur nächsten Station.

Hören 	Lesen 1 	Lesen 2 
Wechselspiel 	Extrastation 	Sprechen 1 
Sprechen 2 	Schreiben 	Würfelspiel 

Deutschprofis A1
Lehrerhandbuch
ISBN 978-3-12-676473-5

Würfle und laufe mit deiner Figur.
Du kommst zum Beispiel auf ein Feld mit einer 3 (= „er“). Du suchst ein Verb aus, zum Beispiel „lachen“, und sagst: „Er lacht.“
Ist das richtig? Dann bekommst du einen Punkt.
Der Feld mit dem Stern ☆ bedeutet: Einmal nicht mitspielen.
Wer hat zum Schluss die meisten Punkte?

ich	du	er	wir	ihr	sie (Pl.)

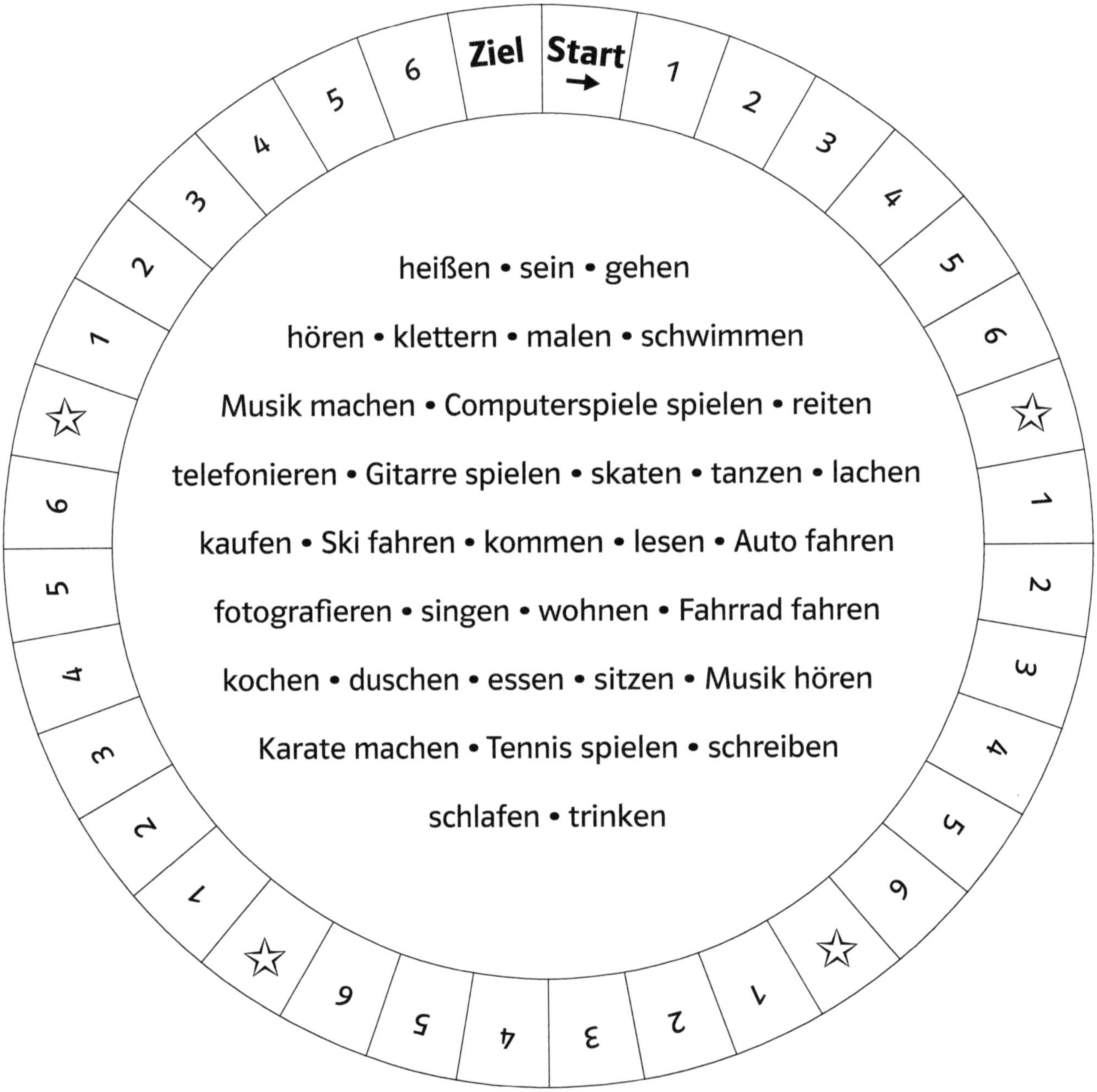

Deutschprofis A1
Lehrerhandbuch
ISBN 978-3-12-676473-5

⑬ KOPIERVORLAGE: Stadtlotto

der Bahnhof	der Zoo	die Schule	die Bibliothek
das Stadion	der Park	die U-Bahn	die Häuser
die Straße	der Platz	das Schwimmbad	der Fußballplatz
der Spielplatz	das Fahrrad	der Bus	der Garten
der Fernsehturm	die Wohnung	der Tennisplatz	die Musikschule

ISBN 978-3-12-676473-5

Beispiel: A: Was hat Peter am Dienstag, erste Stunde?
B: Peter hat am Dienstag …

A

Stundenplan
Name: Peter Müller **Schule:** Goethe-Schule

Zeit	Montag	Dienstag	Mittwoch	Donnerstag	Freitag
1	Deutsch	Deutsch	Mathematik	?	?
2	Mathematik	Sport	Deutsch	?	Deutsch
3	?	Mathematik	Deutsch	Mathematik	Deutsch
4	Englisch	Englisch	?	Deutsch	Werken
5	?	?	Sport	Musik	
6	Kunst	?			

B

Stundenplan
Name: Peter Müller **Schule:** Goethe-Schule

Zeit	Montag	Dienstag	Mittwoch	Donnerstag	Freitag
1	Deutsch	?	?	Sachunterricht	Mathematik
2	?	?	Deutsch	Englisch	Deutsch
3	Sachunterricht	Mathematik	?	Mathematik	Deutsch
4	?	Englisch	Sport	Deutsch	?
5	Kunst	Musik	Sport	?	
6	Kunst	Religion / Ethik			

Klett

Deutschprofis A1
Lehrerhandbuch
ISBN 978-3-12-676473-5

15 KOPIERVORLAGE: Spielgeld

1. Schneide die Münzen an den gestrichelten Linien aus.
2. Falte die Streifen, so dass Vorder- und Rückseite der Münzen genau aufeinanderliegen.
3. Klebe die gefalteten Streifen zusammen.
4. Schneide die Münzen an den durchgezogenen Linien ab.
5. Schneide die einzelnen Münzen rund aus.

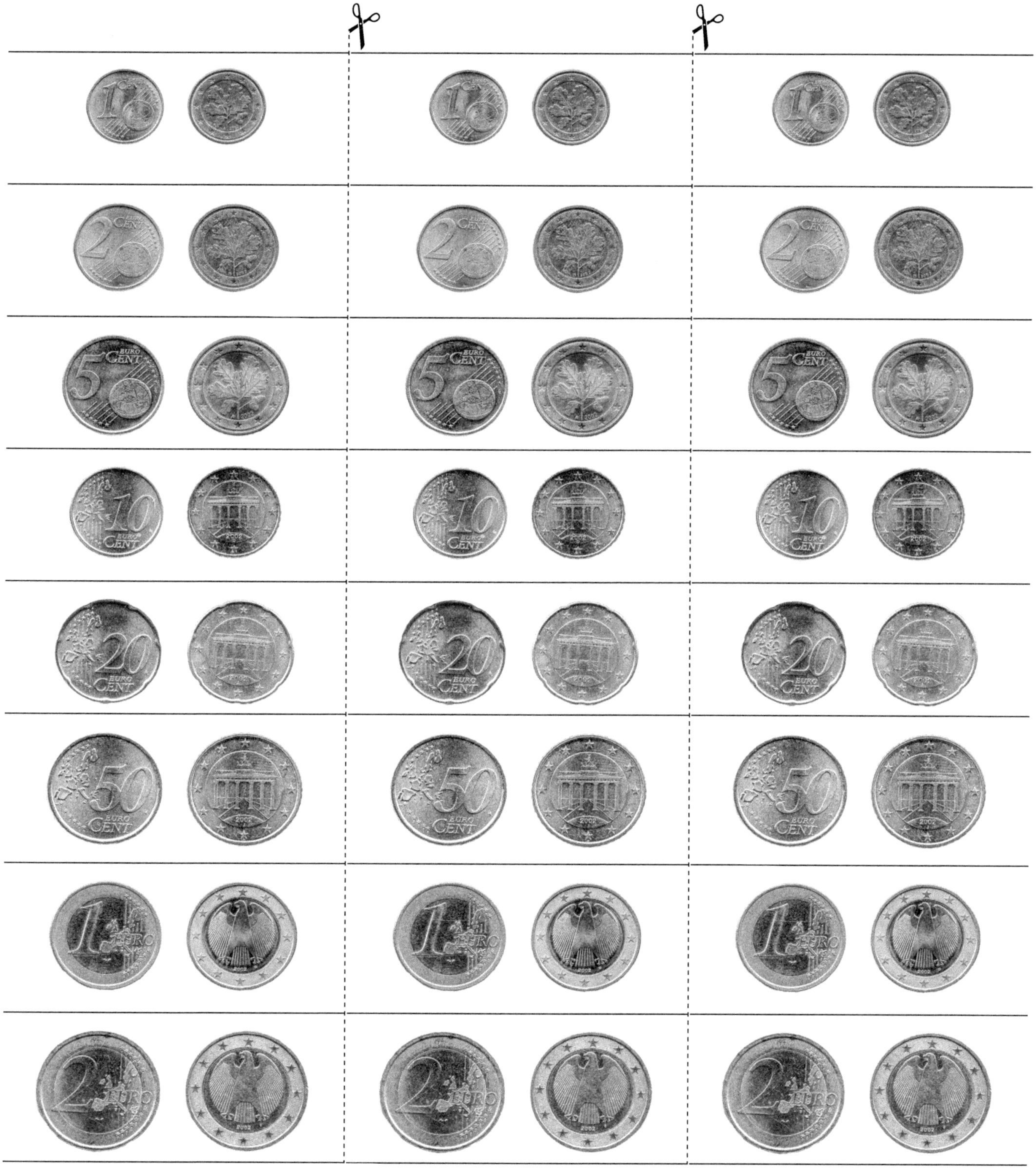

Deutschprofis A1
Lehrerhandbuch
ISBN 978-3-12-676473-5

Es ist halb eins.

Es ist elf Uhr.

Es ist halb acht.

Es ist sechs Uhr.

Es ist Viertel vor sieben.

Es ist zehn vor fünf.

Es ist zehn nach zwölf.

Es ist Viertel vor vier.

Es ist ein Uhr.

Es ist Viertel nach acht.

Es ist fünf vor drei.

Es ist zehn nach sieben.

Es ist Viertel nach zwei.

Es ist halb neun.

Deutschprofis A1
Lehrerhandbuch
ISBN 978-3-12-676473-5

17 KOPIERVORLAGE: Ich lade dich ein!

EINLADUNG

Geburtstagskind	Wann?	Wo?	Party
Leo	10. Juli	zu Hause	Gartenparty

Deutschprofis A1
Lehrerhandbuch
ISBN 978-3-12-676473-5

⓲ KOPIERVORLAGE: Geburtstagslogical

1. Wie heißen die Kinder?
2. Welches Geschenk ist für sie?
3. Welche Party gefällt ihnen am besten?

Lös das Rätsel.

Name			
Geschenk			
Lieblingsparty			

1. Der kleine Junge heißt Max.
2. Der Roboter ist für den Jungen mit der Krone.
3. Ein Geschenk ist ein Fußball.
4. Der Rucksack ist für Max.
5. Der Junge mit dem Fußball findet eine Kostümparty gut.
5. Der Junge mit dem Roboter mag keine Monsterpartys.
6. Thomas mag Pyjamapartys.
7. Ein Junge heißt Felix.

Deutschprofis A1
Lehrerhandbuch
ISBN 978-3-12-676473-5

19 KOPIERVORLAGE: Tierlotto

Such drei Mitspieler. Jeder hat sechs Tierkarten. Die Karten mit den Wörtern liegen umgedreht auf dem Tisch.
Der Erste dreht eine Wortkarte um und fragt: „Wer hat …?"
Der Spieler mit der Tierkarte legt die Tierkarte auf die Wortkarte.
Wer hat zuerst keine Tierkarten mehr?

ISBN 978-3-12-676473-5

das Krokodil	der Bär	der Affe	die Schildkröte
der Wolf	die Giraffe	der Hamster	der Elefant
die Robbe	der Papagei	die Maus	das Zebra
die Katze	der Hund	das Känguru	die Spinne
der Delfin	der Löwe	das Pferd	die Biene
der Tiger	der Hase	die Schlange	der Pinguin

Deutschprofis A1
Lehrerhandbuch
ISBN 978-3-12-676473-5

⑳ KOPIERVORLAGE: Tierpflege-Trimino

Jeder sucht einen Partner. Schneidet die Dreiecke aus.
Mischt die Dreiecke und legt sie wieder zusammen.

Welches Team ist zuerst fertig?

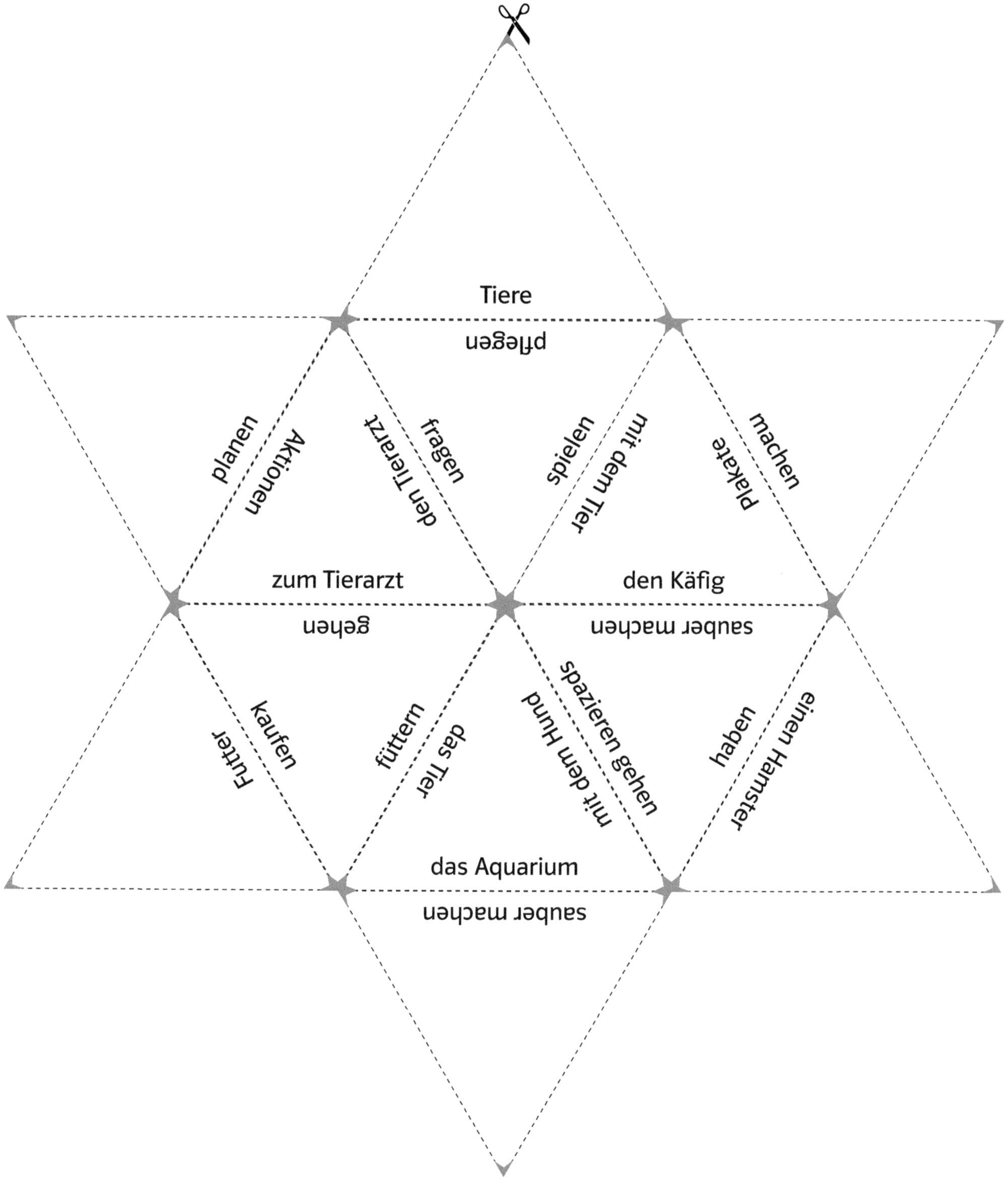

Deutschprofis A1
Lehrerhandbuch
ISBN 978-3-12-676473-5

21 KOPIERVORLAGE: Was nimmst du mit?

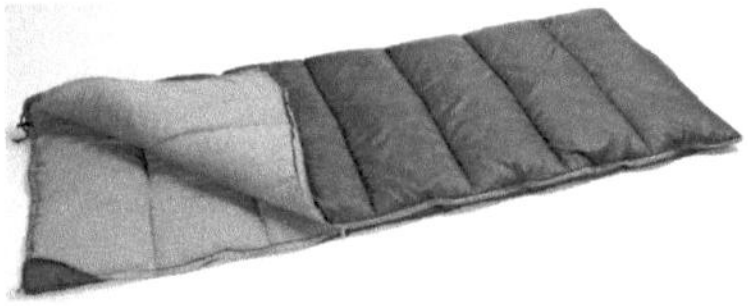

Deutschprofis A1
Lehrerhandbuch
ISBN 978-3-12-676473-5

Wähl eine Station. Lös die Aufgabe. Fertig?
Dann mal das Bild auf deinem Laufzettel aus und geh zur nächsten Station.

Hören 	Lesen 1 	Lesen 2 
Wechselspiel 	Extrastation 	Sprechen 
Schreiben 	Steine sammeln 	Extrastation 

Deutschprofis A1
Lehrerhandbuch
ISBN 978-3-12-676473-5

TIPPS ZU DEN SATZMODELLEN

Die Satzmodelle finden Sie einerseits im Kursbuch auf den Profiseiten, andererseits auf www.klett-sprachen.de/deutschprofis-online als animierte Grammatik-Clips.

Die Grammatik-Clips veranschaulichen Form und Funktion grammatischer Strukturen, ohne sie metasprachlich zu erklären.

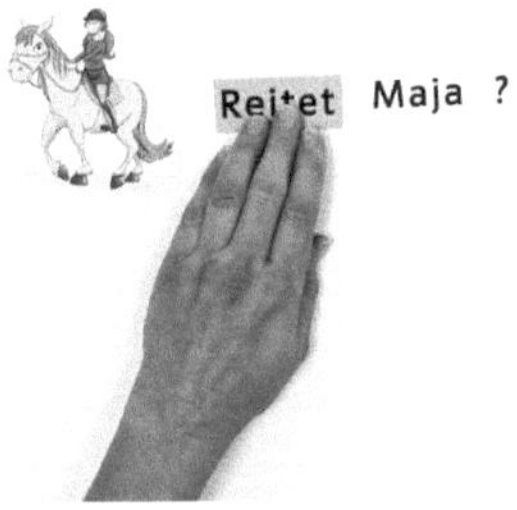

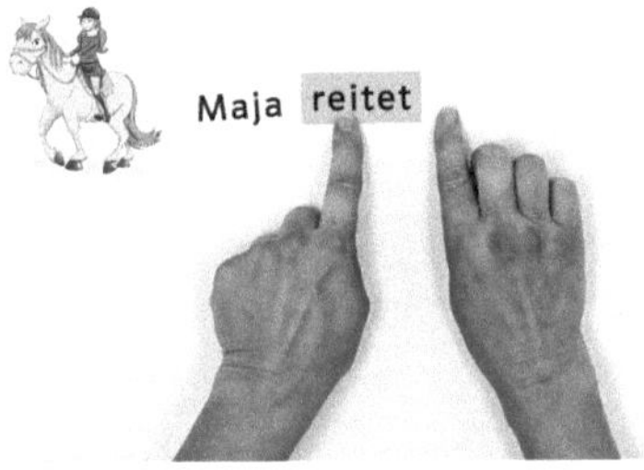

Die Wort- und Satzkarten werden so hin- und hergeschoben, dass die Struktur sichtbar und deutlich wird.

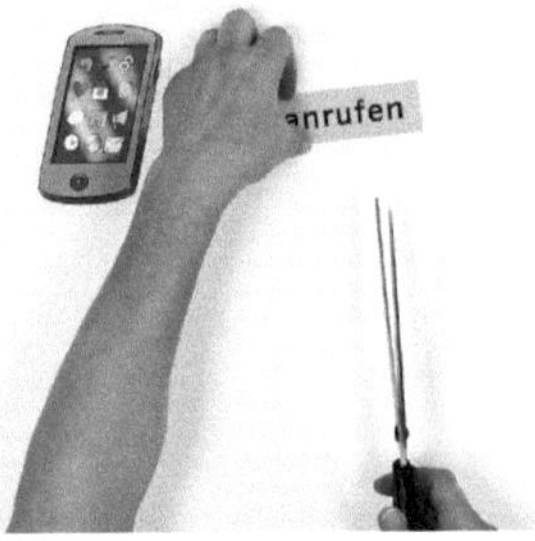

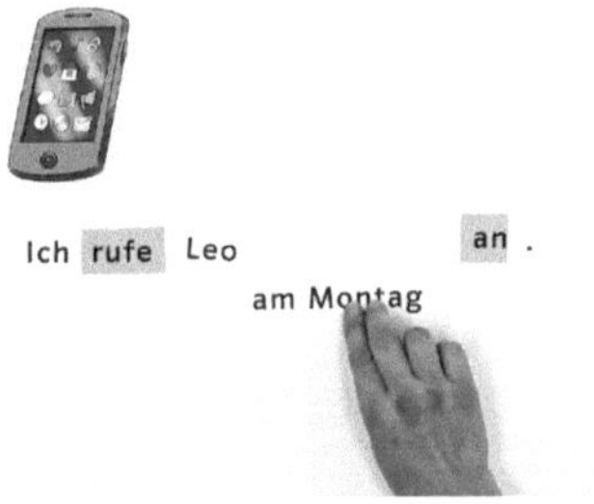

Die Verben sind als zentraler Bestandteil des Satzes farbig hervorgehoben. So wird auch die Satzklammer deutlich. Intuitiv, ohne komplizierte grammatische Erklärungen, werden Regeln begreifbar.

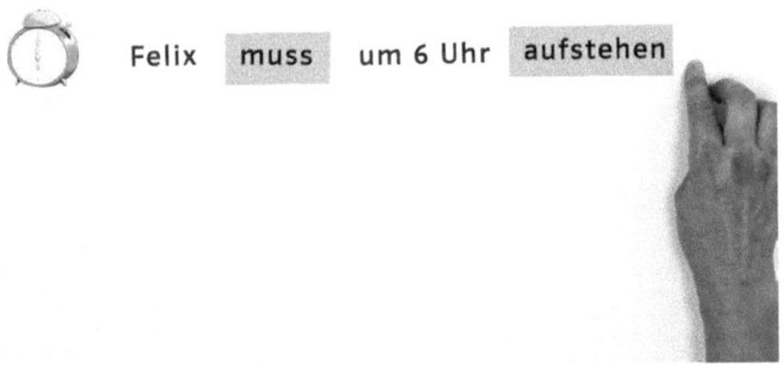

Im Clip zu Lektion 3 werden die Verb-Endungen (-e, -st, -t) auf die Kärtchen mit den Infinitiven gelegt.

Die Grammatik-Clips
- sind einsetzbar, wenn die jeweilige Struktur bewusst gemacht, wiederholt oder geübt wird;
- können als Screenshots Tafelbilder ersetzen;
- können z. T. als Hilfe bei den Online-Übungen aufgerufen werden.

Die Kopiervorlagen auf den folgenden Seiten bieten das notwendige Wortmaterial zum Ausschneiden und Nachlegen der Sätze. Dabei geht es nicht darum, den Ablauf der Clips exakt nachzulegen, sondern grammatisch und inhaltlich korrekte Sätze zu bauen und dabei die Regelmäßigkeiten des Satzbaus, insbesondere der Stellung des Verbs, zu begreifen.

Wer keine Möglichkeit hat, die Clips im Unterricht abzuspielen, kann die Kopiervorlagen trotzdem nutzen und mit Hilfe der Wortkarten und Satzzeichen Sätze bauen lassen (*a*). In Schritt ***b*** (Bau Sätze) können die S die Wörter ebenfalls auf Karten schreiben und die Sätze legen.

Die Sätze können auch umgestellt und variiert werden. Lassen Sie die S so viele Sätze bauen wie möglich. Durch den haptischen Umgang mit dem Material werden Regeln besser erfasst und im Gehirn nachhaltig verankert. Fördern Sie die sprachliche Produktivität der S, lassen Sie sie frei kombinieren und auch eigene Wortkarten basteln und hinzufügen.

Weiterführende Tipps:
Zu Lektion 4
Die S legen Fragen. Sie stellen einander die Fragen und beantworten sie („Tanzt Maja gern?"). Sie stellen dann Fragen zu ihrer Person („Tanzt du gern?").

Zu Lektion 5
Die S arbeiten in Dreiergruppen und formulieren mit Hilfe der Wortkarten „Gitarre spielen", „Ski fahren", „lesen" Sätze. Die Karten liegen mit der Schrift nach unten auf dem Tisch. Die S nehmen der Reihe nach eine Karte und formulieren je einen Satz.

Zu Lektion 4, 5, 8, 9, 12
1. Die S bauen Sätze nach einem bestimmten Muster. Dann schreiben sie nach dem gleichen Muster ein bis zwei eigene Sätze ins Heft.
2. Die S bekommen Wortkarten, laufen damit im Klassenraum herum und suchen Partner, mit denen sie sich als Satz aufstellen. Die Sätze werden von den anderen vorgelesen und kontrolliert. Danach stellen sich ggf. einige Satzglieder um, sodass neue, korrekte Sätze entstehen.

Zu Lektion 9
1. Die S legen den Satz „Felix muss um 6 Uhr aufstehen." Dann gehen sie im Klassenzimmer herum und fragen: „Wann musst du aufstehen?" Es sollen sich Gruppen von Kindern finden, die jeden Tag zur selben Zeit aufstehen.
2. Die S schreiben auf eine leere Karte eine Tätigkeit, die sie gern machen. Sammeln Sie die Karten und verteilen Sie sie neu. Die S fragen und antworten der Reihe nach: „Was möchtest du machen?" „Ich möchte Eis essen. Und was möchtest du machen?" usw.

Zu Lektion 9 und 12
Ändern Sie den Ablauf: Lassen Sie zuerst die Sätze legen und zeigen Sie anschließend den Clip zur Kontrolle. Halten Sie den Clip zwischendurch an, um die einzelnen Schritte zu verdeutlichen.

Ich		Ich		Ich		Sie	
Du		Du		Du		Er	
e	e	e	st	st	t	t	.
Musik hören				Musik hören			
tanzen		singen		.		.	
gern		gern		gern			

Deutschprofis A1
Lehrerhandbuch
ISBN 978-3-12-676473-5

Maja	Maja	Maja	?	.
Felix	Felix	Felix	?	?
gern	gern	gern	.	.
Tanzt	Singt	Reitet	singt	
Spielt	Gitarre	reitet	spielt	
Hört	Musik	hört	tanzt	

Deutschprofis A1
Lehrerhandbuch
ISBN 978-3-12-676473-5

Gitarre spielen			Ski fahren		lesen
Leo	Leo	Leo	Wau	Wau	Wau
liest	liest	fährt	fährt	Ski	Ski
spielt	spielt	Gitarre	Gitarre		
rennt	.	.	.	.	.	.
nicht	nicht	nicht			

Deutschprofis A1
Lehrerhandbuch
ISBN 978-3-12-676473-5

anrufen		Leo	Leo	Leo	
Rufst	rufst	rufe	an	an	
Du	Ich	ich	du	?	.

am Montag	am Donnerstag
am Dienstag	am Freitag
am Mittwoch	am Samstag
Am Sonntag	am Sonntag

Deutschprofis A1
Lehrerhandbuch
ISBN 978-3-12-676473-5

Maja	Felix	.	.	?
Möchte	möchte	möchte		
Muss	muss	aufstehen		
reiten	lernen	am Sonntag		
um 6 Uhr	um 10 Uhr			

Deutschprofis A1
Lehrerhandbuch
ISBN 978-3-12-676473-5

Leo	fährt	nach Italien	
zu seinen Großeltern			
im Sommer		Im Winter	
Leo	baut	mit Felix	.
Raketen		zu Hause	.

ISBN 978-3-12-676473-5

Bildquellen

94.1 Thinkstock (Purestock), München; **94.2** Thinkstock (Medioimages/Photodisc), München; **101.1** Thinkstock (coco194), München; **101.2** Fotolia.com (akuest), New York; **101.3** Stephan Klonk, Klett-Archiv Stuttgart; **101.4** Thinkstock (Purestock), München; **101.5** Shutterstock (inavanhateren), New York; **101.6** Thinkstock (manfredxy), München; **101.7** Thinkstock (hxdbzxy), München; **101.8** Thinkstock (CaraMaria), München; **101.9** Thinkstock (Olesya Tseytlin), München; **101.10** Thinkstock (RobertSchneider), München; **101.11** Thinkstock (insagostudio), München; **101.12** Thinkstock (BananaStock), München; **101.13** Thinkstock (Bruskov), München; **101.14** Carsten Riedl, Klett-Archiv Stutgart; **101.15** Thinkstock (Ignatiev), München; **101.16** Bigstock (Martinan), New York, NY; **101.17** iStockphoto (juergen2008), Calgary, Alberta; **101.18** Thinkstock (vicnt), München; **101.19** Thinkstock (Zoonar/J.Wachala), München; **101.20** Thinkstock (Monkey Business Images), München; **103** Shutterstock (Claudio Divizia), New York; **106.1** Shutterstock (Zurijeta), New York; **106.2** Thinkstock (Ryan McVay), München; **106.3** Thinkstock (Thomas Northcut), München; **107.1** Thinkstock (nattanan726), München; **107.2** Shutterstock (Svetlana Foote), New York; **107.3** Thinkstock (anankkml), München; **107.4** Shutterstock (Kefca), New York; **107.5** Shutterstock (Maxim Kulko), New York; **107.6** Shutterstock (jaroslava V), New York; **107.7** Shutterstock (LeonP), New York; **107.8** Thinkstock (TobiasBischof), München; **107.9** Thinkstock (GlobalP), München; **107.10** Thinkstock (prapassong), München; **107.11** Thinkstock (tiripero), München; **107.12** Shutterstock (prapass), New York; **107.13** iStockphoto (Antagain), Calgary, Alberta; **107.14** Shutterstock (Fly_dragonfly), New York; **107.15** Shutterstock (Eric Isselee), New York; **107.16** iStockphoto (arda savaşcıoğulları), Calgary, Alberta; **107.17** Thinkstock (bazilfoto), München; **107.18** Shutterstock (Eric Isselee), New York; **107.19** Thinkstock (Kseniya Abramova), München; **107.20** Thinkstock (defun), München; **107.21** Thinkstock (subinpumsom), München; **107.22** Shutterstock (Eric Isselee), New York; **107.23** Shutterstock (fivespots), New York; **107.24** Shutterstock (Lightspring), New York; **110.1** Thinkstock (BrianAJackson), München; **110.2** Thinkstock (EdnaM), München; **110.3** iStockphoto (EdnaM), Calgary, Alberta; **110.4** Thinkstock (Roman Sigaev), München; **110.5** Thinkstock (Diabluses), München; **110.6** Thinkstock (NAKphotos), München; **110.7** Thinkstock (Serhiy Stakhnyk), München; **110.8** Thinkstock (khvost), München; **110.9** Shutterstock (baibaz), New York; **110.10** Shutterstock (Brunal), New York; **110.11** Thinkstock (Andy Crawford), München; **110.12** Thinkstock (Ljupco), München; **110.13** iStockphoto (bonetta), Calgary, Alberta; **110.14** Thinkstock (Givaga), München; **110.15** Thinkstock (kravcs), München